MILO DOR

LEB WOHL, JUGOSLAWIEN

Protokolle eines Zerfalls

W0012229

OTTO MÜLLER VERLAG

2. Auflage

ISBN 3-7013-0858-6

© 1993 OTTO MÜLLER VERLAG
SALZBURG/WIEN

Umschlaggestaltung: Leo Fellinger, Salzburg
Satz: Fotosatz Rizner, Salzburg
Druck: Druckerei Roser, Salzburg
Bindung: Buchbinderei Bichl, Salzburg

INHALTSVERZEICHNIS

LEB WOHL, JUGOSLAWIEN

Ich weiß nicht, was mit mir los ist – ich kann nicht hassen. Offenbar bin ich nicht ganz normal für eine Welt, in der die Haßgefühle die Beziehungen zwischen den Menschen bestimmen. Ich denke da nicht an den Nahen Osten, Indien, Afrika oder Südamerika, sondern an unser Nachbarland Jugoslawien, in dem ich meine frühe Jugend verbracht, das ich immer wieder besucht und in dem ich mich zu Hause gefühlt habe wie in den anderen europäischen Ländern, in die ich bisher gereist bin.

Die blutigen Auseinandersetzungen in Jugoslawien haben mich so schockiert, daß ich, regelrecht krank geworden, nicht fähig war, klar zu denken. Gewalt, auf welcher Seite und in wessen Namen sie auch immer angewendet wird, ruft in mir Empörung hervor, die mich, meiner eigenen Ohnmacht wohl bewußt, zunächst sprachlos macht. Ich muß mich also gehörig zusammennehmen, um einige Überlegungen über die jüngsten Ereignisse in unserem Nachbarland zu Papier zu bringen.

Der erste Eindruck ist, daß dort alles aus den Fugen geraten zu sein scheint. Und dieser Eindruck trügt auch bei näherem Hinsehen nicht, weil die Politik in allen Teilen Jugoslawiens von Emotionen und nationalen Animositäten geprägt wird, die nach dem Nachlassen des gesamtstaatlichen Drucks eruptionsartig zum Vorschein gekommen und bald zum blanken Haß ausgeartet sind, der keine anderen Argumente kennt als Waffengewalt. Man spricht einander die Rechte ab, die man mit größter Selbstverständlichkeit für sich beansprucht. Wer Kompromißbereitschaft zeigt, wird zum Verräter gestempelt. Wer Vernunft zu gebrauchen versucht, wird von den nationalistischen Psychopathen für verrückt erklärt.

Ich kann im Unterschied zu manchen unserer Politiker für keine der streitenden Seiten mit ruhigem Gewissen Partei ergreifen, weil mir die fanatische Rechthaberei, die keine Rücksicht auf Verluste an Menschenleben und an wirtschaftlichem Ruin nimmt, völlig fremd ist. Das Gerede von einem Großserbien und einem ethnisch reinen Kroatien mutet provinziell und anachronistisch an. Es hinterläßt nach den blutigen Erfahrungen, die wir Europäer in diesem Jahrhundert mit den nationalen Phrasendreschern gemacht haben, einen äußerst üblen Nachgeschmack. Die Reste der kommunistischen Herrschaft kann man nicht mit faschistischem Gedankengut bekämpfen, mit dem viele Reden und Artikel unter einer sehr dünnen demokratischen Tünche vollgetränkt sind. Anstelle von Klassen spricht man wieder von Rassen. In meinen Augen haben sich alle jugoslawischen Konfliktparteien im Lauf der Jahre schuldig gemacht, so daß ich keine von ihnen freisprechen kann.

Das Ganze scheint sich nach einem uralten Szenarium abzuspielen. Ich weiß, die Geschichte wiederholt sich nicht, dafür aber die menschliche Dummheit, die immer wieder Tragödien hervorruft und die Menschen ins Elend und Verderben stürzt. Da der Übergang zur Demokratie und zu einer sozialen Marktwirtschaft, für die Jugoslawien weitaus bessere Voraussetzungen hatte als irgendein anderes Land des sogenannten realen Sozialismus, den Regierungen der verschiedenen Republiken des föderativen Staats doch Kopfschmerzen bereitete, ergriffen sie die Flucht nach vorne, indem sie die Schuld an der wirtschaftlichen Misere einander in die Schuhe schoben, wobei sie mit großer Vehemenz die dumpfen, irrationalen, nationalistischen Gefühle und Emotionen der Sippen und Stämme ins Spiel brachten.

Bei diesen zuerst verbalen Auseinandersetzungen hatte ich den Eindruck, einem Ping-Pong-Spiel beizuwohnen, bei dem die Gegner sich verbissen darauf konzentrieren, den Ball möglichst scharf zurückzuschießen, so daß sie nicht imstande sind, über den Rand des Tisches hinwegzublicken oder gar über den Sinn oder Unsinn ihrer Schläge nachzudenken. Jetzt, wo aus den weißen Bällen tödliche Bomben geworden sind, ist es höchste Zeit, die Spieler durch andere zu ersetzen, die etwas weiter über die Begrenzung des grünen Tisches schauen können.

Es ist mir völlig unverständlich, was in den Köpfen der politischen Strategen in den Hauptstädten Jugoslawiens vor sich geht. Der Nationalismus sichert der Bevölkerung weder Arbeit noch Brot; von Phrasen kann man nicht leben. Minderheiten, zumal so große Minderheiten wie die Albaner in Serbien und die Serben in Kroatien, kann man nicht ewig besetzt halten. Kriegerische Auseinandersetzungen bringen nichts anderes ein als Leichen und Ruinen. Selbst wenn das Militär das ganze Land besetzt, wird kein Problem gelöst. Unter Zwang lebt und arbeitet niemand gern. Was auch immer geschieht, wird man sich am Ende, zerrissen und blutig, zusammensetzen müssen, um miteinander zu reden. Warum dann nicht gleich? Wo bleiben die Staatsmänner, die das einsehen und danach handeln?

In manchen westlichen Ländern, besonders aber hierzulande, spürt man in vielen Berichten und Kommentaren eine beinahe unverhohlene Schadenfreude über den Zerfall Jugoslawiens, das man plötzlich als Völkerkerker bezeichnet wie einst die untergegangene k. u. k. Monarchie. Dieselben Kritiker, die mit Recht in den Trümmern des Habsburgerreiches nach den kulturellen und anderen Gemeinsamkeiten der Nachbarbevölkerung suchen, um damit ihre noch etwas vage Mitteleuropa-Philosophie zu kitten, wollen nicht zugeben, daß sich im Vielvölkerstaat Jugoslawien im Laufe der letzten siebzig Jahre doch etwas Gemeinsames herausgebildet haben mußte, das über alles Trennende hinweg als Plattform für ein zivilisiertes Gespräch dienen könnte.

Bis vor einem Jahr konnte man in allen jugoslawischen Bade- und Ferienorten den Schlager *Jugoslawien, Jugoslawien* hören, der zu einer Art Nationalhymne geworden war und von jung und alt mitgesungen wurde. Heute sendet das kroatische Radio das Lied *Leb wohl, Jugoslawien,* das an leeren Stränden und in öden, verlassenen Gasthäusern widerhallt. So schnell geht das, wenn es die nationalistischen Ideologen wollen.

In Serbien singt man wieder das Lied *Man sagt, Serbien sei klein. – Es ist nicht klein, es hat drei Kriege geführt.* Der Textdichter dieses Liedes meint damit den Balkankrieg von 1912–13, sowie die beiden Weltkriege, die Serbien gewonnen hat, die beiden letzten mit Hilfe der Alliierten und den letzten mit Hilfe anderer Völker Jugoslawiens. Doch dies wird im Lied ebenso geflissentlich verschwiegen wie der Umstand, daß es in einem vierten Krieg, der zwischen den Brudervölkern auszubrechen droht und zu dem das Lied indirekt ermuntert, keine Sieger geben würde, sondern lauter Verlierer.

Ein junger Mann namens Novica Milić geht in der Juli-Nummer der Belgrader Zeitung *Das Literarische Wort* ganz schön mit den serbischen Großmachtallüren ins Gericht. Unter anderem schreibt er folgendes:

„Da meine westlichen Freunde die Politik als Bereitschaft zu Kompromissen definieren (niemand mag Kompromisse, aber die Politik besteht eigentlich darin, von etwas mehr zu träumen, ist ungesund), fragen sie mich, um was für Kompromisse es sich handelt, die wir Serben, das größte Volk, akzeptieren sollen? Um was für Erpressungen handelt es sich eigentlich? Als ein kleiner, ohnmächtiger und von niemandem beauftragter Vertreter meines Volkes sage ich, man verlange von uns, unsere nationale Temperatur etwas herabzusetzen. Man erwarte von uns, sage ich meinen Freunden in Belgrad, daß wir anstelle eines unproduktiven (dieses Wort muß man drei Mal unterstreichen) Nationalismus ein produktives nationales Programm erstel-

11

len, ein Programm, das weder im Sinne des Tschetnik-Nationalismus noch im Sinne eines anationalen Kommunismus ausgerichtet sein darf, weil es keine andere nationale Lösung gibt außer der Freiheit für jeden einzelnen. Ein nationales Programm ist ein politisches Programm, eine rationale Konstruktion über die Ziele und die Mittel, mit denen man diese Ziele erreichen kann. Das Programm muß also rational sein, das heißt realistisch. Es muß auf die realen und nicht die irrealen Ziele und Bedürfnisse, wie auf die Mittel zur Erreichung dieser Ziele Rücksicht nehmen. Man muß vor allem auf die Ziele und Bedürfnisse der anderen Rücksicht nehmen. Haben die anderen solche Programme? fragt man mich. Nein, sage ich, ihre Programme sind genauso emotionell und irrational, nationalistisch und nicht national."

Diese erfrischend offenen und ehrlichen Ansichten eines jungen Menschen aus Belgrad erwecken in mir die Hoffnung, daß noch nicht alles verloren ist. So wie er denken sicherlich viele Menschen in ganz Jugoslawien. Vor zwei Wochen haben die vier jugoslawischen PEN-Zentren – das serbische, kroatische, slowenische und mazedonische – bei einem Treffen in Budapest, das auf Veranlassung des internationalen Präsidenten des PEN-Clubs György Kónrad stattfand, einen gemeinsamen Appell an die Autoren und Journalisten ihrer Länder gerichtet, in dem sie ihre Kollegen auffordern, sich an der grassierenden „chauvinistischen Kopfjagd" nicht zu beteiligen und für das Verständnis unter den jugoslawischen Völkern einzutreten. Da die jugoslawischen Autoren bisher in das Horn ihrer jeweiligen nationalistischen Führer zu blasen schienen oder aus Angst vor dem ungeheuren Druck der populistischen Schreier und Hetzer schwiegen, ist das ein gutes und wichtiges Zeichen. In dem Appell wird die Forderung nach einer sofortigen Waffenruhe erhoben. Diese Forderung hat die fast völlig entmachtete, aber noch immer amtierende jugoslawische Gesamtregierung erhoben, sowie die Regierungen einzelner Republiken und nicht zuletzt die Abgesandten der europäischen Gemeinschaft.

Die Waffenruhe ist die erste und unumgängliche Voraussetzung für ein Gespräch. Man kann diese Ruhepause dazu benützen, um über eigene Taten und Untaten nachzudenken sowie über ein weiteres Zusammenleben in einer neuen, wie immer gearteten Form oder über eine zivilisierte, geordnete Trennung. Ich weiß, das Denken tut weh, vor allem, wenn man sich dabei die eigene Schuld eingestehen muß, aber es kostet keine Menschenleben. Wenn der Waffenstillstand nicht eingehalten wird, heißt es *Leb wohl, Jugoslawien* und damit auch: Leb wohl, Europa.

September 1991

DAS GESPENST DES NATIONALISMUS

Ein Gespenst geht in Europa um. Es ist nicht das
Gespenst des Kommunismus, mit dem Marx und En-
gels vor 150 Jahren die Besitzenden unseres Kontinents
in Angst und Schrecken versetzen wollten, sondern das
Gespenst des Nationalismus, der Intoleranz, des Frem-
denhasses und des noch mehr oder weniger versteckten Kampfes um Interessenssphären, mit einem Wort
das Gespenst des Faschismus, das, mit pseudodemo-
kratischen Phrasen spärlich verhüllt, wieder einmal in
europäischen Gefilden herumzugeistern beginnt.

Nach dem kläglichen Versagen der kommunistischen
Ideologie, deren selbsternannte Vollstrecker auf dem
Weg zu einem vermeintlichen Paradies auf Erden außer unzähligen Leichen und Ruinen einen Haufen
unverdauter Phrasen eines Vulgärmarxismus hinterlassen hatte, wurde das entstehende Vakuum beinahe
eruptionsartig mit dem schmutzigen Abwasser verschie-
denartiger nationalistischer Ideologien aufgefüllt, die
Europa nach einem langwierigen, mühsamen Prozeß
der Verständigung abermals zu entzweien droht.

Ich weiß, wovon ich rede, weil ich die dreißiger Jahre unseres Jahrhunderts als Gymnasiast bewußt miterlebt habe. Es waren die Jahre des aufkommenden Faschismus und Nationalsozialismus in vielen Varianten,
die auch in den kleineren Staaten Mittel- und Südost-
europas grassierten und nun nach der Befreiung von
kommunistischen Diktaturen verschiedener Prägung

wieder zu grassieren beginnen. Anstelle der nebulosen Solidarität der Proletarier aller Länder ist wieder der Stallgeruch getreten, der allein zu entscheiden hat, wer ein Feind ist und wer ein Freund.

Die vielen bunten Fahnen, die, frisch genäht, allenthalben in Europa zu flattern beginnen, stören mich keineswegs – ich liebe das vielfarbige Leben –, doch die martialischen Parolen, die unter ihnen mit todernster Miene verkündet werden, rufen in mir die längst verdrängte Angst meiner frühen Jugend hervor, in der sich Männer in braunen und schwarzen Uniformen und mit an den Ärmeln und Mützen aufgenähten Hakenkreuzen, Kruckenkreuzen, Pfeilkreuzen, Liktorenbündeln und Totenköpfen tummelten und, wo sie hintraten, Unheil anrichteten.

Ich lebte damals im Königreich Jugoslawien und war dabei, als die deutschen Stukas und Panzer mein Land überfielen und es nach ihrem Sieg zerstückelten, um jeweils einen Teil der Beute ihren alten oder neuen Verbündeten zuzustecken. Einen Teil bekam Italien, einen Ungarn, einen Bulgarien, das Restkroatien samt Bosnien und der Herzegowina, aber ohne Dalmatien, bekam der neue faschistische kroatische Staat, Slowenien wurde kurzerhand an das Reich angegliedert und Serbien samt dem Banat besetzt. Obwohl der Krieg zu Ende war, ging das Morden weiter. Irgendwelche uniformierten Männer Ungarns brachten bei ihrem widerstandslosen Einmarsch viele serbische Honoratioren in der Batschka um, darunter eine Tante und einen Onkel zweiten Grades von mir. Sie war Lehrerin und er

Notar in Čurug (Tschurug). Sie schossen auch deren Vater, der Priester war, im Hof seines Hauses nieder. Sie taten es, um die vermeintlichen Führer des künftigen Widerstands auszuschalten.

Von den Massakern an Juden in Novi Sad, Neusatz oder Ujvidek, bei dem die Leichen der Ermordeten und Verwundeten, aber auch noch lebende Menschen unter das Eis der Donau geworfen wurden, hat Aleksandar Tišma in seinen ins Französische und Deutsche übersetzten Büchern geschrieben, aber wer hat es schon zur Kenntnis genommen? Noch weniger weiß man von dem Massaker in der von den Deutschen besetzten Stadt Kragujevac, in der an einem einzigen Tag bei einer Strafexpedition beinahe alle Männer über sechzehn erschossen wurden. Es sollen mehrere Tausend gewesen sein, manche sagen sechs, manche acht oder mehr. Darunter waren alle älteren Schüler des Gymnasiums samt ihren Professoren und ihrem Direktor.

Die Greuel der kroatischen Ustascha-Horden an Juden und Serben, die oft von heimischen Klerikern abgesegnet wurden, hat man ausreichend dokumentiert, aber mit der Zeit aus Staatsraison verdrängt, ebenso wie die Morde der serbischen Tschetniks und der Partisanen, die unmittelbar nach ihrem Sieg ihre echten oder präsumptiven Feinde kurzerhand eliminierten. Das Gleiche taten sie mit den sogenannten Volksdeutschen im Banat und in der Batschka; die Schuldigen waren geflohen, und die Unschuldigen, die dageblieben waren, weil sie ihrer Ansicht nach nichts zu befürchten hatten, mußten daran glauben.

16

Jugoslawien verlor im letzten Krieg mehr als zehn Prozent seiner Bevölkerung und steht somit ganz oben in der Statistik der Opfer. Doch Statistiken bluten nicht, wie Arthur Koestler einmal schrieb, nur das Beispiel zählt. Die jugoslawischen Autoren haben, jeder in seiner Sprache, viele Beispiele geschildert, wie dieser Krieg samt allen seinen grausamen Folgen nach außen gegen die deutschen Besatzer, unter denen sich viele Österreicher befanden, und zugleich nach innen, das heißt unter verschiedenen Völkern oder Parteien, ausgetragen wurde. Angesichts des neuerlichen Ausbruchs des Hasses scheint die ganze Literatur nichts bewirkt zu haben, zumal manche Autoren ihre nationalistischen Führer unterstützen, anstatt deren hirnverbrannte Unternehmen einer scharfen Kritik zu unterziehen.

Der aggressive Nationalismus ist keine spezifisch jugoslawische oder europäische Erscheinung. Die Berichte der Massenmedien strotzen geradezu vor Morden an Minderheiten auf allen Kontinenten und vor blutigen Zusammenstößen zwischen verschiedenen Volks- oder Religionsgemeinschaften. Doch die Bewohner Europas sind stolz auf ihren Humanismus, ihre Renaissance und ihre Aufklärung und bemühen sich deshalb allenthalben, den erneut aufgeflammten Rassismus und Antisemitismus, die Ausländerfeindlichkeit und Intoleranz in Reden und Schriften zu bekämpfen, in der Hoffnung, daß Worte heute mehr als in den dreißiger Jahren gegen fanatische Haßgefühle etwas auszurichten vermögen.

In Frankreich, Deutschland und Ungarn, in der Slowakei und in Österreich handelt es sich noch um Auswüchse radikaler Gruppen, die weit davon entfernt sind, die Macht im Staat zu übernehmen, in Jugoslawien jedoch herrschen de facto aggressive Nationalisten, die Krieg miteinander führen, fest davon überzeugt, das Recht darauf zu haben, über Leben und Tod der Zivilbevölkerung in ihrem Landesbereich zu bestimmen.

In dieser von blindem Haß und selbstmörderischer Aggression vollgeladenen Atmosphäre gehört viel mehr als Zivilcourage dazu, gegen den schmutzigen Bruderkrieg und die Diskriminierung der anderen Volksgruppen zu protestieren, sowie für einen friedlichen Dialog zwischen den vermeintlichen Feinden einzutreten, wie es die vier jugoslawischen PEN-Zentren getan haben. Es wäre also recht und billig, sie dabei voll und ganz zu unterstützen, damit wir nicht alle vor der Geschichte als Schuldige dastehen.

November 1991

Die Vertreter der mazedonischen, serbischen und slowenischen PEN-Zentren trafen einander am 26. September 1991 in Ohrid. Bedauerlicherweise konnten die Vertreter des kroatischen PEN-Zentrums wegen des tragischen Krieges in Kroatien nicht kommen. Die Anwesenden kamen überein, die in Budapest am 2. und 3. August 1991 vereinbarten Grundsätze zu bekräftigen und beschlossen weiters, folgende Zusatzerklärung abzugeben:

1. Durch einen sinnlosen Krieg, der weder zu gewinnen noch zu rechtfertigen ist, sind menschliches Leben, Kulturdenkmäler und privates Eigentum vor allem in Kroatien gefährdet und der Zerstörung preisgegeben. Wir sind überzeugt, daß weder Gewalt noch gewaltsame Grenzveränderungen eine Lösung darstellen und daß es keinen wie immer gearteten Vorwand gibt, um die Aggression in Kroatien zu rechtfertigen. Wir sind weiters der Meinung, daß den serbischen und kroatischen Führern sowie der jugoslawischen Armee unter den Konfliktparteien eine besondere Verantwortung zukommt und daß diese ihren Verpflichtungen und ihrer Rolle nicht entsprochen haben. Abgesehen von jenen, die tatsächlich kämpfen, sind auch die Intellektuellen und Schriftsteller verantwortlich, wenn sie diesen Krieg befürworten oder zumindest nicht dagegen auftreten.

2. Unter dem Eindruck der wachsenden Tragödie und des Blutvergießens in Jugoslawien unterstützen alle anwesenden Mitglieder die Kriegsdienstverweigerer aus

Gewissensgründen und erklären, daß das Recht, die Teilnahme an einem Bürgerkrieg oder an allen anderen bewaffneten inneren Konflikten zu verweigern, ein *Grundrecht des Menschen* und als solches anzuerkennen und zu bekräftigen ist.

3. Menschen, die einer Minderheit angehören, sollten das Recht auf eine doppelte Zugehörigkeit (Staatsbürgerschaft) haben: zu dem Territorium, in dem sie leben und zu der Kultur, der sie angehören.

4. Wir sind weiters der Meinung, daß der Status jener Menschen, die einer Minderheit angehören, die wahre Ursache für die gegenwärtigen Konflikte in Jugoslawien und in vielen Teilen Europas sind. Dieser Status kann aber auch der Schlüssel zu einer Lösung sein.

Einen Ausweg bietet daher ein Katalog von Rechten für Minderheiten, die von einer Reihe von verläßlichen Garantien flankiert sein müssen. Derartige Garantien sollten einen Mechanismus beinhalten, der der Beilegung von Streitigkeiten im Zusammenhang mit den Rechten von Minderheiten dient, die über die nationalen Grenzen, aber auch über das Mißtrauen unter den Nationen hinausgehen. Internationale Schiedssprüche könnten einen derartigen Mechanismus ermöglichen.

5. Die Mitglieder des PEN werden sich auf keine wie immer geartete Weise am Medien- und Propagandakrieg beteiligen; weder durch Handlungen noch durch das gesprochene Wort werden sie extremistische und chauvinistische Leidenschaften fördern oder Un-

wahrheiten und Haß verbreiten; sie werden nicht zur Verteufelung anderer Nationen oder zur Abwälzung kollektiver Verantwortung von Institutionen auf ganze Nationen beitragen.

AUFKLÄRUNG MIT DRUCKERSCHWÄRZE

Gespräch mit Gerhard Moser

Herr Dor, in Ihrer Rede zur Eröffnung des „Bruckner-Festes" vor drei Jahren, also im Bedenkjahr 1988, in Linz haben sie gesagt, daß man der Pflicht zum Gehorsam die Pflicht zum Widerstand entgegensetzen müsse. Dieser Aufruf zum Widerstand zieht sich, sozusagen, wie ein roter Faden durch Ihre Schriften aus fünf Jahrzehnten. Sind Sie so etwas wie ein literarischer Widerstandskämpfer? Martialischer ausgedrückt: ein Partisan, der die Feder als Waffe schwingt?

Nicht ganz. Natürlich schreibe ich Bücher, die mehr oder minder engagiert sind, aber ich schreibe auch historische Romane und Bücher für Kinder. Meine Reden und Aufsätze sind Stellungnahmen zu verschiedenen Anlässen und Situationen, und es hat sich herausgestellt, daß man Widerstand leisten muß, wenn man leben will.

Als junger Bursche, kurz nachdem ich das Gymnasium absolviert hatte, und als mein damaliges Land Jugoslawien von den Deutschen okkupiert worden war, war ich Widerstandskämpfer, weil ich es für meine Pflicht erachtete. Aber das war nur eine kurze politische Episode in meinem Leben. Ich habe mich sonst nicht aktiv mit der Politik beschäftigt, weil ich von meiner Verbindung mit den Kommunisten damals enttäuscht war. Aber irgendwie ist dieser Geist des Widerstands in mir geblieben, und so habe ich immer wieder gegen Ideologien und Diktaturen rechter oder linker Provenienz – für mich war es gleich – protestiert. Deshalb, weil sie das wahre Leben der Menschen, die ich gern habe, behindern.

Gegen wen gilt es heute Widerstand zu leisten, und mit welchen Mitteln kann ein Schriftsteller Widerstand leisten?

Uns stehen leider nur Worte zur Verfügung. Es ist ein Widerstand aus der Ohnmacht heraus. Ich habe es an meinem eigenen Schicksal erlebt, daß man von den Mächten immer hin- und hergeschoben wird.

Ich bin aus meiner Heimat Jugoslawien deportiert worden, bin mitten im Krieg, im Jahre 1943, nach Wien zur Zwangsarbeit in einer Möbelfabrik verschleppt worden, bin 1944 noch einmal verhaftet worden, bis die Russen gekommen sind. Nach 1945 bin ich nicht nach Jugoslawien zurückgekehrt, weil dort die Ultra-Stalinisten geherrscht haben, und so bin ich hier geblieben und habe hier studiert.

Aber vieles am Leben hier hat mir nicht gepaßt, und so habe ich mir gedacht, daß es meine Pflicht als Bürger und Schriftsteller dieses Landes ist, die Dinge mit der Feder zu korrigieren. Was mir nicht gepaßt hat, sind vor allem die Reste des Faschismus und des Nationalsozialismus gewesen. Aber auch der Kommunismus und Stalinismus in seinen verschiedenen Ausprägungen.

Heute engagiere ich mich wieder einmal, weil ich die große Gefahr das Nationalismus auf uns zukommen sehe, nicht nur in Jugoslawien. Auch die Tschechen und die Slowaken vertragen sich nicht, die Aserbaidschaner und die Armenier ebensowenig, bald werden sich die Ukrainer und die Russen auseinandersetzen, und so fort. (…)

Man sieht das jetzt in Jugoslawien, wo dieser anfangs harmlos erscheinende Nationalismus zur Aggression übergegangen ist, wo es zu einem Krieg gekommen ist, dessen Ende im Augenblick noch nicht absehbar ist.

Stichwort Nationalismus: Ist es nicht merkwürdig, daß dieser Traum von Mitteleuropa, der ja ein wichtiges Thema in Ihrem Schriftenband ist, erklärbar auch durch Ihre Biographie – Sie sind in Budapest geboren, in Belgrad aufgewachsen, nach Wien verschleppt worden und schließlich hier geblieben –, daß dieser Traum von einem fruchtbaren Miteinander verschiedener Nationen und Völker gerade in dem Moment, wo er erstmals Wirklichkeit hätte werden können, nachdem die Mauern im Osten gefallen sind, heute ausgeträumt ist, daß aus der Möglichkeit eines fruchtbaren Miteinanders ein furchtbares Gegeneinander geworden ist?

Ich möchte zuerst sagen, daß es für mich nicht nur ein Traum von Mitteleuropa ist. Ich bin ein überzeugter Europäer, und Europa ist viel größer als Mitteleuropa, da gehört Spanien genauso dazu wie Rußland. Aber Sie haben recht, es ist tatsächlich merkwürdig, daß am Ende dieses Jahrhunderts, wo meine Generationsgenossen und viele jüngere Menschen geglaubt haben, daß nun – nach all diesen Geschehnissen, wie dem Ersten Weltkrieg, diesem Völkermord, und der Zeit der Diktaturen in den zwanziger und dreißiger Jahren und nach dem Zweiten Weltkrieg – eine große Periode des Friedens, des friedlichen Zusammenlebens gekommen sei, daß nun diese verbohrten nationalistischen Ideologien wieder da sind. Wenn diese Ideologien nicht überwunden werden, und zwar bald überwunden werden, dann sehe ich schwarz für das nächste Jahrhundert und für das Zusammenleben der Völker.

Es ist merkwürdig, wenn man mit Intellektuellen aus diesen Ländern spricht oder mit sogenannten „normalen" Menschen, beispielsweise mit einem Fischer in Dalmatien, mit einem Bauern in Ungarn, mit einem Angestellten in der Tschechoslowakei oder mit einem Winzer in Italien, dann hat man das Gefühl einer geistigen Verwandtschaft, das Gefühl, daß wir alle zu einer Welt gehören.

Was uns im Wege steht, ist die nationalistische Ideologie, die diesen unbedingt notwendigen Zusammenschluß verhindert. Bis gestern waren die Grenzen offen, plötzlich werden sie wieder geschlossen, werden neue Grenzen errichtet, innerhalb von Jugoslawien etwa, und das zu einer Zeit, wo die Grenzen fallen, wo Wirtschaft und Kultur keine Grenzen brauchen; die leben sogar davon, daß sie die Grenzen überwinden.

Ich hoffe, daß es sich hier um eine Kinderkrankheit handelt, die nach dem Wegfall der kommunistischen Diktaturen entstanden ist. Denn ich kann nicht daran glauben, daß der Mensch ein genuiner Mörder und Faschist ist. Bis zum Ausheilen dieser Kinderkrankheit können wir nichts anderes tun, als mit den bescheidenen Mitteln, die uns zur Verfügung stehen, also mit dem Wort und mit der Druckerschwärze, aufklärend zu wirken, als Zeugen unserer Zeit aufzutreten und zu versuchen, die Situation zu analysieren, um den künftigen Generationen auf ihrem Weg zu helfen.

Dezember 1991

MYTHOS UND MORD

Für meine Aufzeichnungen benütze ich Schulhefte. Ich schreibe mit der Hand, wie es sich gehört. Das Heft, das vor mir liegt, habe ich bei meinem letzten Aufenthalt in Belgrad gekauft. Die Titelseite ziert ein mehrfarbiges Bild, auf dem die berittenen serbischen Helden des Mittelalters, Fahnen, Säbel und Lanzen schwingend, einem unsichtbaren Feind entgegenstürmen. Das Bild wurde nach einem Gemälde des in seiner Heimat einst berühmten Malers historischer Schinken Paja Jovanović gemacht, der mit seiner letzten Frau, einer Wienerin, lange hier gelebt hatte und nach dem letzten Krieg im hohen Alter hier starb. Bei seinem Bild handelt es sich um eine Darstellung der Schlacht auf dem Amselfeld, die 1389 stattgefunden hatte und der man 1989 im nationalistisch gewordenen Serbien mit vielen Veranstaltungen gedachte.

In dieser Schlacht unterlag das serbische Heer unter dem Fürsten Lazar den nach Europa vordringenden türkischen Scharen, obwohl es dem Serben Milosch Obilić gelungen war, mit einigen Freunden bis zum Zelt des Sultans Murad vorzudringen und ihn zu töten. Das mittelalterliche serbische Reich war das erste Opfer der osmanischen Invasion – die Türken hatten Konstantinopel umgangen und erst hundert Jahre später erobert –, in deren Verlauf sie den ganzen Südosten Europas unterjochten.

Während der beinahe fünfhundertjährigen türkischen

Herrschaft entstand in Serbien der Mythos von der verlorenen Schlacht, der durch unzählige Volksepen verbreitet wurde, von den Sängern, die, vor den Kirchenpforten sitzend, ihren monotonen Singsang mit dem einsaitigen Instrument Gusle begleiteten. Der Legende nach sollen dem Fürsten Lazar am Vorabend der Schlacht zwei Engel erschienen sein und ihn gefragt haben, ob er sich für das irdische oder das himmlische Reich entscheiden wolle. Er entschied sich für das himmlische Reich und verlor die Schlacht. So wurde der Tag dieser Schlacht – es war der 28. Juni – nach und nach zum Nationalfeiertag.

Man stelle sich vor, die Franzosen hätten nicht den 14. Juli, den Tag des Sturms auf die Bastille, sondern Napoleons Niederlage bei Waterloo zu ihrem Nationalfeiertag auserkoren. Die Serben scheinen da anders zu sein. Doch ihr Mythos hat, wie alle Mythen und Legenden, einen Pferdefuß. Manche der mythischen Helden, wie der vielbesungene Königssohn Marko, waren keine Widerständler, sondern türkische Vasallen, die Seite an Seite mit ihren Herrschern gegen andere christliche Fürsten kämpften. Die Geschichte wird von den Überlebenden geschrieben und je nach Bedarf manipuliert. So herrscht in Serbien die Meinung vor, die Serben seien seinerzeit von allen europäischen Völkern im Stich gelassen worden, obwohl sie um Hilfe baten. Das stimmt nur zum Teil. Die einzigen Völker, die zusammen mit ihnen auf dem Amselfeld gegen die Türken kämpften, waren Kroaten und Albaner. Doch davon will man heute bei den undurchsichtigen Spielen zwischen vielen Freunden und Feinden ebenso wenig wissen wie in Österreich von den traditionell guten Beziehungen zu den Serben.

Meine serbischen Vorfahren waren 1691 mit einem großen Treck aus dem Kosovo-Gebiet nach Österreich geflüchtet. Sie hatten sich vorher den österreichischen Truppen angeschlossen, die bei ihren Gefechten mit den Türken bis tief in den Süden vorgedrungen waren. Die türkische Gegenoffensive zwang sie jedoch dazu, sich bis zur Donau zurückzuziehen. Die serbischen Freischärler verließen mit Kind und Kegel ihre Heimat und wanderten nach Österreich aus, wo man ihnen Land im Banat, in der Batschka und in Syrmien zur Verfügung stellte, unter der Bedingung, die Grenzen Österreichs gegen die immer wieder anstürmenden Türken zu verteidigen.

Und das taten sie in vielen Schlachten, nicht nur an der Donau, sondern auch am Rhein, wo sie im Erbfolgekrieg zu Anfang des 18. Jahrhunderts für die österreichische Krone gegen die Preußen kämpften. Ich weiß nicht, ob meine Vorfahren schon dabei gewesen waren, es ist aber ganz gewiß, daß ein Ururgroßvater von mir 1848 von den aufständischen Ungarn als einer der zehn Rädelsführer der Serben auf dem Hauptplatz von Groß-Kikinda gehängt wurde, weil er dem Kaiser in Wien die Treue geschworen hatte.

Karl Marx hatte die Haltung der Serben in der Woiwodschaft als reaktionär bezeichnet und verurteilt, ohne auf ihre spezifische Lage einzugehen. Sie fühlten sich nicht von den Österreichern, die ihnen ab und zu eine Art Autonomie gewährten, sondern von den Ungarn bedroht. Die Geschichte hat ihre Ängste bestätigt. Die Ungarn haben nach der Teilung der Monarchie ihre slawischen Untertanen viel rigoroser magyarisiert als die Österreicher sie je germanisiert haben. Meine Mutter sprach bis zu ihrem Lebensende beinahe besser ungarisch als ihre serbische Muttersprache. Ein Beispiel dafür, daß jedes Volk, auch ein unterdrücktes Volk, sich zum Unterdrücker mausert, sobald es dazu imstande ist.

Alle Unterdrückung basiert auf irgendwelchen Mythen, die dem jeweiligen Unterdrücker ideologisch den Rücken stärken, indem sie ihm auf eine verschwommene, aber suggestive Art bestätigen, besser und gescheiter zu sein als die anderen, die nichts anderes verdienen, als versklavt zu werden. Ich bin nicht genug gebildet, um hier auf den jüdischen, christlichen oder islamischen Mythos einzugehen, die alle vorgeben, im Besitz der allein seligmachenden Wahrheit zu sein. Daran hat sich nicht viel geändert, obwohl es inzwischen das Zeitalter der Aufklärung gegeben hat.

Ähnlich steht es mit den nationalen Mythen – den germanischen, gallischen, angelsächsischen, slawischen usw. – die immer wieder hervorgeholt werden, um Grausamkeiten, Ungerechtigkeiten und Dummheiten der jeweiligen Nation zu rechtfertigen. Am gefährlichsten ist es, wenn sich die nationalen mit den religiösen Mythen vermischen und so ein teuflisches Gebräu ergeben, das, selbst in kleinen Dosen genossen, den Blick trübt und den Verstand verwirrt.

Ich traute meinen Augen nicht, als ich unlängst im Fernsehen die folgenden Szenen unmittelbar nacheinander sah. Zuerst segnete ein bärtiger orthodoxer Priester in der Krajina eine Gruppe junger serbischer Freischärler, die alle schwarze Uniformen und schwarze Kappen mit dem serbischen Wappen trugen, unter denen sie martialisch dreinblickten. In den Händen hielten sie krampfhaft Maschinenpistolen, fest entschlossen, damit ihre vermeintlichen kroatischen Feinde niederzumähen. Dann erteilte ein katholischer Priester seinen Segen einer Gruppe junger Kroaten, die schwarze Uniform und schwarze Kappen einer paramilitärischen Einheit trugen. Auch sie blickten martialisch drein und hielten krampfhaft Maschinenpistolen in den Händen. Sie sahen genauso aus wie ihre serbischen Widersacher, als seien sie Brüder. Der einzige Unterschied bestand darin, daß sie das kroatische Wappen auf ihren Kappen trugen. In Zivil hätte man sie kaum voneinander unterscheiden können.

Mit dem kroatischen nationalen Mythos, der zu Mord und Totschlag geführt hat, sollen sich meine kroatischen Schriftstellerkollegen auseinandersetzen. Sie trauen sich aber ebenso wenig, das zu tun wie die serbischen Schriftsteller, die in großer Zahl an der Wiederauferstehung des von den Kommunisten in den Hintergrund gedrängten serbischen Mythos so lange voll Eifer mitgewirkt haben, bis schließlich seine blutige, kriegerische, selbstmörderische Fratze zum Vorschein kam. Manche von ihnen haben sicherlich angesichts der Folgen ihres pseudointellektuellen Geschwätzes kalte

Füße bekommen, haben aber offenbar nicht genügend Mumm, sich damit öffentlich und kritisch auseinanderzusetzen.

Beim Schreiben kommen mir plötzlich Bedenken, daß ich vielleicht das Kind mit dem Bad auszuschütten versuche. Der serbische Mythos hat ja in der Zeit der jahrhundertlangen türkischen Besetzung den Serben geholfen zu überleben. Die epischen Volkslieder der Serben, die den Mythos von der verlorenen Schlacht und dem immerwährenden Widerstand gegen die osmanischen Unterdrücker besungen haben, wurden zum ersten Mal vor 150 Jahren bei den Mechtaristen in Wien gedruckt. Ihr Sammler und Herausgeber Vuk Karadzić verbrachte den Großteil seines Lebens in Wien. Die deutschen Romantiker – vor allem Goethe und die Brüder Grimm – entdeckten über seine Rohübersetzungen die serbischen Volkslieder für die Weltliteratur. Als Schüler mochte ich ihren monotonen zehnsilbigen Singsang nicht besonders, weil man mich damit bis zum Überdruß fütterte. Ihre herbe Schönheit entdeckte ich erst viel später, als ich endgültig frei war von jeglicher ideologischer Ansteckung und dem ganzen mythischen Brimborium der Geschichte, die man immer wieder, je nach Bedarf, falsch interpretiert, um den eigenen dubiosen Standpunkt zu unterstützen.

Meine serbischen Kollegen scheinen nicht zu begreifen, daß die von ihnen eingeleitete Wiederbelebung des serbischen Mythos den populistischen Politikern ermöglicht hat, die albanische Minderheit Serbiens, die im Kosovo-Gebiet die Mehrheit bildet, mit polizeilichen und militärischen Maßnahmen zu unterdrücken. Manche Metropoliten und Priester der orthodoxen Kirche rufen neuerdings zu einer neuen Schlacht auf dem Amselfeld auf, die nicht nur mit den Albanern, Kroaten und Muselmanen, sondern mit der ganzen „feindlichen Welt" abrechnen solle, ohne zu bedenken, daß sie damit ihr Volk zum kollektiven Selbstmord aufrufen.

Es genügt nicht, zu behaupten, auf der anderen Seite sei es nicht besser, auch dort herrsche der paranoide, irrationale Wahnsinn, der von anderen Mythen genährt wird. Irgend jemand muß den ersten Schritt auf dem Weg zu einer kühlen Selbstanalyse und einer humanistischen Aufklärung tun. Warum sollen das nicht serbische Intellektuelle sein. Ich fürchte nur, daß es noch viele sinnlose und unschuldige Opfer eines falsch interpretierten Mythos geben wird, bis dieser erste Schritt irgendwelche Folgen im Bewußtsein des serbischen Volks zeitigt. Die Zerstörung geht ungemein viel schneller vonstatten als die Bildung eines neuen Bewußtseins.

Februar 1992

BEWEGLICHE ZIELE

In der letzten Zeit muß ich immer häufiger an die Spielhalle in der Münchner Bayerstraße denken, vor der ich, wenn ich in München bin, manchmal stehenbleibe, um jungen Menschen beim Spiel zuzusehen.

Bei den Spielen handelt es sich hauptsächlich um kriegerische Auseinandersetzungen in einer fiktiven Welt der feindlichen Roboter und Raumschiffe, die man mit einem Knopfdruck abschießen muß, damit sie sich nicht in den Besitz der braven neuen Welt setzen können. Um die Feinde auf den ersten Blick und von weither erkennen zu können, hat man sie mit bedrohlichen schwarzen Fratzen ausgestattet. Die weißen Computergestalten sind immer die guten.

Neuerdings hat man den Feinden menschliche Gestalt verliehen. Man sitzt vor einem größeren Bildschirm, auf dem ein Westernfilm abläuft. Der Spieler befindet sich sozusagen mitten in einer typischen Stadt des Wilden Westens mit einem Hotel samt Saloon, einem Laden, einer Schmiede, angebundenen wartenden Pferden, Cowboys, Hausfrauen und spielenden Kindern.

Plötzlich taucht aus dem Saloon ein Bösewicht auf, der mit der Rechten den Griff des langläufigen Revolvers im Holster umklammert und mit steifen Schritten auf einen zukommt. Sobald er den Revolver zieht, muß man ihn mit dem elektrischen Revolver erschießen, um die eigene Haut zu retten. Aber er ist nicht allein. Einer seiner Komplicen erscheint mit dem Gewehr im

Anschlag auf dem hölzernen Balkon des Hotels. Auch ihn muß man abknallen. Ein zweiter Komplice zielt auf den Spieler vom Dach der Schmiede oder vom Kutschbock eines Wagens, der um die Ecke biegt. Man hat alle Hände voll zu tun, weil man auf alles, was sich bewegt, schießen muß. Die Getroffenen fallen in den Staub der Straße, scharren noch ein paarmal mit den Füßen und bleiben dann bewegungslos liegen.

Ich habe mir die Gesichter der jungen Münchner Burschen angeschaut, die, ungeheuer konzentriert, mit glasigen Augen vor dem Bildschirm sitzen und wie die Jäger auf die kleinste Regung lauern, um mit einem Druck auf den Abzug ihrer elektronischen Waffe einen Menschen nach dem anderen in das vermeintliche Jenseits zu befördern. Das Ganze wirkt sehr realistisch und macht den jungen Menschenjägern offenbar mehr Freude als das bloße Abschießen der gezeichneten Flugzeuge oder Raumschiffe.

Manche Psychiater werden mir weismachen, daß diese abstrakten Mörderspiele den vererbten Tötungsinstinkt in den jungen Menschen kompensieren und sie so wieder zu annehmbaren, verträglichen Bürgern machen. Was geschieht aber, wenn die Computerspiele blutige Wirklichkeit werden wie auf dem Gebiet des ehemaligen Jugoslawien, das heißt in Kroatien, Bosnien und in der Herzegowina?

Dieser wilde, mit brutaler Grausamkeit von einer entfesselten Soldateska geführte Krieg, der sich hauptsächlich gegen die Zivilbevölkerung, das heißt gegen Frauen, Kinder und alte Menschen richtet, scheint uns gar nicht in der Wirklichkeit stattzufinden, so daß wir ihn nicht richtig wahrnehmen können. Auch die bis an die Zähne bewaffneten Menschen, die dort mordend agieren, scheinen, durch die Trommelpropaganda ihrer Massenmedien verblendet, jegliche Beziehung zur Realität verloren zu haben. Diese jungen Burschen in Uniform, die schwere Granaten und Raketen abfeuern, kann es einfach nicht wirklich geben; sie treten nur als Akteure in einem Videospiel auf. Sie schießen auf bewegliche Ziele, in denen sie unmöglich vermeintliche Feinde von vermeintlichen Freunden unterscheiden können, und verursachen so ein völlig sinnloses Gemetzel von apokalyptischen Ausmaßen.

Vielleicht werden wir erst merken, daß dabei kein Tomatensaft, sondern wirkliches Blut fließt, wenn der Fauteuil, auf dem wir vor dem Bildschirm sitzen, uns unter dem Hintern weggeschossen wird.

April 1992

36

DER SCHEIN TRÜGT

„Wann kommt wieder ein neues Buch von Ihnen heraus?" fragen mich oft Leute, die noch nie ein Buch von mir gelesen haben. Das ist die typische Liebenswürdigkeit der Wiener, die ihre abgrundtiefe Gleichgültigkeit aller Literatur, ja allem Geschriebenen gegenüber mit geheucheltem Interesse zu kaschieren versuchen. Sie wollen nicht als ungebildet gelten.

Das einzige, wovon sie etwas verstehen, ist die Musik. Oder sie geben wenigstens überzeugend vor, etwas davon zu verstehen. Und dann machen sie ab und zu Theater, um den Theaterbetrieb in der Hauptstadt ein bißchen zu beleben. Das geschieht meistens, bevor ein bestimmtes Stück überhaupt aufgeführt worden ist, wie bei dem Stück *Heldenplatz* von Thomas Bernhard, aus dem ein paar aus dem Zusammenhang herausgerissene Zitate als Schlagzeilen herumgeisterten, zum Beweis dafür, daß man die Kultur ernst nehme und sich mit ihr auseinandersetze.

Das tut man auch, aber nur zum Schein, der hierzulande weitaus mehr zählt als das Sein. Das Theatralische, die Rolle, das Spiel bestimmen die Umgangsformen und das Benehmen der Menschen in Wien.

So habe ich zunehmend das Gefühl, ein Schauspieler zu sein, der den Schriftsteller Milo Dor darstellt. Immer häufiger werde ich zu verschiedenen politischen oder gesellschaftlichen Fragen interviewt, weil man begierig ist zu erfahren, was ein Schriftsteller dazu zu sagen habe. Es handelt sich um eine mir im Lauf der Jahre aufgezwungene Rolle, mit der ich mich schon so identifiziert habe, daß ich selbst nicht mehr weiß, ob ich tatsächlich ein Schriftsteller bin oder nur ein Mann, der in der Öffentlichkeit einen Schriftsteller spielt.

Meine eigentliche Arbeit ist von mir losgelöst, ich bin eine Figur geworden, deren Aufgabe darin besteht, sich zu allen möglichen und unmöglichen Fragen kritisch zu äußern. Das Gefährliche dabei ist, daß mir diese Rolle irgendwie behagt, obwohl sie Brüche und Risse enthält, wie die ganze Scheinwelt, in der ich agiere.

Die einzige Alternative dazu wäre das Schweigen, die Karl Kraus angesichts der Mordorgie des Ersten Weltkriegs folgendermaßen formuliert hat:

„Wer etwas zu sagen hat, trete vor und schweige."

Er selbst schwieg nicht, sondern sammelte Material für sein lange Zeit für unspielbar gehaltenes Stück *Die letzten Tage der Menschheit,* das aus lauter echten oder erfundenen Zitaten besteht, mit denen er die Dummheit, die Grausamkeit und die Niedertracht der Menschen seiner Zeit dokumentieren wollte. Aber wer hat es schon gelesen, im Radio gehört oder eine szenische Fassung gesehen? Bestenfalls eine verschwindende Minderheit, der es nie gelungen war, sich zu einer aufgeklärten, einsichtsvollen Mehrheit zu entwickeln.

Mai 1992

DIE MARODEURE ZIEHEN
WEITER IHRE BAHN

Über kein Land der Welt wird in der letzten Zeit so viel geschrieben wie über das ehemalige Jugoslawien, das so drastisch und spektakulär zerfallen ist. Dabei stehen natürlich die aktuellen Ereignisse im Vordergrund. Die gebürtige Kroatin Melita H. Šunjić hat jetzt mit ihrem Buch *„Woher der Haß?"* dem Bedürfnis nach einer gründlichen Information über Jugoslawien und seine Nachfolgestaaten abgeholfen.

Dabei geht die außenpolitische Redakteurin der *„Wiener Zeitung"* mit bemerkenswerter Objektivität vor. Wer heute die Berichte über die mit unbegreiflichem Haß getränkten kriegerischen Auseinandersetzungen zwischen den sogenannten Brudervölkern liest oder im Fernsehen sieht, kann sich kaum ein Bild davon machen, was da eigentlich vor sich geht, weil ihm die Kenntnisse über die Hintergründe und Zusammenhänge der grausam und blutig geführten Balkanfehde fehlen.

Um die heutige Situation verständlich zu machen, greift die Autorin weit in die Geschichte zurück, in der die Kroaten und die Slowenen, über die sie in ihrem zweigeteilten Buch schreibt, halbwegs selbständige Staatsgebilde hatten, im ausgehenden Mittelalter jedoch unter die Herrschaft der Habsburger fielen. Ihre Identität behielten sie durch die Pflege ihrer Sprache und ihrer Kultur.

Eine Annäherung der südslawischen Völker, das heißt

der Kroaten, Serben und Slowenen, fand in der zuerst österreichischen und dann österreichisch-ungarischen Monarchie statt, präzise gesagt in Wien, wo in der Zeit der Romantik die Idee von gemeinsamen Interessen entstand und damit auch die Idee von der Vereinigung zu einem gemeinsamen Staat.

So war das Königreich der Serben, Kroaten und Slowenen nach dem Zerfall der k. u. k. Monarchie keineswegs ein von den Siegermächten aufgezwungenes künstliches Staatsgebilde, sondern eine natürliche Folge dieser romantischen Ideen. Da die Serben, die an der Seite der Alliierten gekämpft hatten, im neuen Staat tonangebend waren, fühlten sich die anderen Völker um ihre Hoffnungen betrogen.

Das führte zu scharfen politischen Auseinandersetzungen, die wiederum auch zu Morden führten. Ein fanatischer Serbe erschoß im Belgrader Parlament den Anführer der kroatischen Abgeordneten, Stjepan Radić, und ein fanatischer kroatischer Nationalist, der im profaschistischen Ungarn ausgebildet wurde, den serbischen König Alexandar I. in Marseille.

Als 1941 das nationalsozialistische Deutschland Jugoslawien überfiel, nützten die extremen kroatischen Nationalisten unter Ante Pavelić die Gelegenheit, sich aus der ohnehin zerfallenen jugoslawischen Gemeinschaft loszulösen und einen eigenen faschistischen Staat von Hitlers Gnaden zu gründen.

Pavelić mußte zugunsten Italiens auf die Küstengebiete verzichten, bekam aber dafür Bosnien und die Herzegowina sowie Syrmien bis vor den Toren

Belgrads. Zur Ehre der Kroaten muß man sagen, daß viele von ihnen in der Widerstandsbewegung waren und zusammen mit ihren Nachbarvölkern das neue Jugoslawien unter Tito schufen, dem es gelungen war, der ursprünglich kleinen Kommunistischen Partei zur Alleinherrschaft zu verhelfen und alle anderen mehr oder weniger demokratischen Bewegungen des Landes – vor allem die königstreuen Tschetniks – in Serbien auszuschalten.

Merkwürdigerweise hat die sogenannte Volksfront in Slowenien am besten funktioniert, weil Hitler die Slowenen in deutsche Uniformen pressen wollte. Diese alte Einheit aus der Kriegszeit hat 50 Jahre später bewirkt, daß Slowenien sich am glimpflichsten von dem von Tito mit eiserner Hand zusammengehaltenen Staatsgebilde getrennt hat. Die Grenzen seiner Republik sind mit den ethnischen Grenzen fast identisch, was man für die übrigen Republiken und einstigen autonomen Gebiete nicht sagen kann.

„Jetzt muß Slowenien die Kriegsschäden verkraften und für seine Produkte neue Absatzmärkte suchen", schreibt Melita Šunjić am Ende ihres Slowenien-Kapitels. „Es wird angesichts der billigen Konkurrenz aus Asien und der qualitativ überlegenen Konkurrenz aus der Europäischen Gemeinschaft nicht leicht sein, sich außerhalb des jugoslawischen Marktes zu behaupten... Zunächst droht der totale Wirtschaftskollaps... Diese betrüblichen Zukunftsaussichten offenbaren das ganze Dilemma der Slowenen: Mit Jugoslawien können sie nicht, ohne Jugoslawien aber auch nicht."

Ähnliche Schlußfolgerungen zieht die Autorin auch für Kroatien, das durch den bald ein Jahr andauernden Krieg noch viel mehr ruiniert wurde, abgesehen von Serbien, das sich durch seine aggressive Haltung selbst isoliert und damit ruiniert hat.

Frau Šunjić berichtet von den vielen vertanen Chancen, den jugoslawischen Raum durch die Bildung einer Konföderation gleichberechtigter nationaler Staaten im letzten Augenblick noch zu retten. Doch alle vernünftigen Vorschläge für eine friedliche Einigung über nationale und soziale Probleme scheiterten zwangsläufig an der sturen Haltung dilettantischer Politiker, denen die nationalen Phrasen wichtiger waren als das Wohl ihrer Völker, die sie in einen sinnlosen Krieg trieben, um ethnische Grenzen zu ziehen, die in diesem Teil der Welt einfach nicht zu ziehen sind, es sei denn durch völlige Vernichtung oder Vertreibung der jeweils „anderen", wie es der grausame und entmenschlichte Krieg der serbischen Freischärler und der sogenannten Volksarmee gegen die Bevölkerung Bosniens und der Herzegowina beweist.

Ein Vertreter der mazedonischen Bürgerrechtsbewegung, der Anfang Juni zusammen mit 30 anderen Vertretern verschiedener Friedens- und Bürgerrechtsgruppen des chemaligen Jugoslawien auf Einladung der Initiative für den kroatisch-serbischen Friedensdialog (Melita Šunjić gehört zu den Gründern dieser Initiative) nach Wien gekommen war, verglich den nationalen Konflikt mit einem Krebsgeschwür, das die Neigung hat, an allen möglichen Stellen Metastasen zu bilden. So be-

fürchtet er mit Recht, daß der Krieg bald auf Mazedonien, das Kosovogebiet und die Wojwodina überge-
hen und sich auch auf andere Nachbarstaaten ausdeh-
nen könnte.

Die Schlußfolgerungen, die Melita Šunjić aus ihrem
Buch zieht, sind auch nicht optimistisch:

„Wirtschaftlich, verwandtschaftlich und historisch gibt
es so viele Beziehungen zwischen diesen beiden Ländern (Kroatien und Serbien), daß es auf Dauer unmöglich sein wird, ohne eine Form des friedlichen Neben-
einanders auszukommen. Ein wirkliches Miteinander ist
nach den Greueln dieses Krieges zumindest für die
Dauer einer Generation unmöglich gemacht worden…
Illusionen über die Art des erreichbaren Friedens in
Kroatien darf man sich aber nicht machen. Es werden
marodierende serbische und kroatische Extremisten-
gruppen bestehen bleiben, die – ähnlich wie die ETA
im Baskenland – mit wechselnder Intensität einen
Guerillakrieg betreiben… Europa wird sich damit ab-
finden müssen, daß noch viele Jahre ins Land gehen,
bis wieder stabile Verhältnisse in Kroatien einkehren."

Juni 1992

DIE RECHNUNG GEHT NICHT AUF

Leo Trotzki war sicherlich einer der intelligentesten Revolutionäre unseres Jahrhunderts. Und doch sind ihm verhängnisvolle Fehler unterlaufen, sobald er das Gebiet der Theorie und der Polemik verließ und sich in die Gefilde der praktischen Politik begab. Als nach der gescheiterten ersten russischen Revolution 1905 die Auseinandersetzung zwischen den Menschewiken und Bolschewiken, die drei Jahre zuvor bei einem Treffen der Funktionäre der Sozialdemokratischen Partei Rußlands in London begonnen hatte, erneut entflammte, hielt er zu den Menschewiken, weil er der Meinung war, die Absicht Lenins, aus der Partei eine von eiserner Disziplin durchdrungene Garde von Berufsrevolutionären zu machen, sei undemokratisch und gefährlich.

Kaum war er jedoch, nachdem er sich 1917 den Bolschewiken angeschlossen hatte, zur Macht gelangt – er wurde Cheforganisator und Oberkommandierender der Roten Armee –, billigte er das brutale Vorgehen gegen die bis vor kurzem verbündeten Sozialrevolutionäre und gab im März 1921 selbst den Befehl, den Aufstand der neu gegründeten Sowjets in Kronstadt, in denen die Anarchisten die Mehrheit hatten, mit Waffengewalt und großer Härte niederzuschlagen. Die Anarchosyndikalisten hatten die bolschewistische Parole *Alle Macht den Sowjets!* beim Wort genommen und mußten ihre Gutgläubigkeit mit dem Leben bezahlen. Es mutet jedoch seltsam an, daß ein Intellektueller wie Leo

Trotzki, der immer wieder für eine freie Diskussion innerhalb der Partei eingetreten war, die Unterdrückung der Andersdenkenden nicht nur gutgeheißen, sondern auch selbst organisiert hatte. Die Macht muß etwas Faszinierendes haben, das immer wieder ganz vernünftige und kritische Menschen anzieht, bis sie selbst ihre Erfahrung mit ihr machen, die oft mit ihrem gewaltsamen Tod endet wie bei Leo Trotzki, der nach seiner Vertreibung aus der Sowjetunion von einem bezahlten Schergen Stalins mit einem Eispickel ermordet wurde. Der Eispickel zerstörte sein Hirn, in dem sich noch viele kritische Gedanken verbargen, machte aus Trotzki einen Märtyrer und ließ seine Sünden in Vergessenheit geraten.

Einer der Organisatoren dieses spektakulären politischen Mordes war Mustafa Golubić, der 1914 zu den blutjungen bosnischen Verschwörern gehört hatte, die auf den österreichischen Thronfolger Franz Ferdinand ein dilettantisch organisiertes, aber erfolgreiches Attentat verübten, das einen willkommenen Anlaß für den Beginn des Ersten Weltkriegs abgab. Mustafa Golubić schoß damals nicht, das taten die Serben Gavrilo Princip und Nedeljko Čabrinović, er diente den Verschwörern eher als Staffage, weil er ein Muselmane war, in den zwanziger und dreißiger Jahren jedoch wurde er zum Exekutor der Komintern, der in verschiedenen Verkleidungen und unter verschiedenen Namen mit falschen Pässen in der ganzen Welt herumreiste und politische Morde an unliebsamen Gegnern oder vermeintlichen Verrätern der Sache der Weltrevolution entweder eigenhändig vollbrachte oder in die Wege leitete und überwachte. Das Ende ereilte ihn 1941 in Belgrad während der deutschen Besatzung. Er sollte zu den Partisanen gebracht werden, wurde aber von der Spezialpolizei, die im Dienste der Gestapo stand, verhaftet und umgebracht. Manche Historiker der jüngsten Geschichte Jugoslawiens behaupten, Tito selbst habe ihn verraten und ausgeliefert, weil er einen Aufpasser der Komintern oder einen unliebsamen Zeugen seiner eigenen Vergangenheit beseitigen wollte.

Trotzki stammte aus einem jüdischen Schtetl und war, obwohl er sich nach außen hin forsch und zuverlässig gab, ein von Zweifeln angenagter Intellektueller, der in einer Welt von terribles semplificateurs – schrecklichen Vereinfachern – zwangsläufig scheitern mußte. Mustafa Golubić war ein Mann der Tat, das heißt ein professioneller Killer, dem eine pervertierte Ideologie eine moralische Rechtfertigung für seine Mordlust lieferte. Hätte ihn nicht ein anderer Mann der Tat hochgehen lassen, dann hätte er sicherlich so wie viele Generäle, von keinen Gewissensbissen geplagt, ein hohes Alter erreicht, in dem er vielleicht seine Memoiren geschrieben hätte. Er stammte aus einem Dorf in Bosnien, wo heute, im Sommer 1992, ein General der sogenannten Volksarmee namens Mladić die bosnische Hauptstadt Sarajewo in Schutt und Asche legt und im Namen einer etwas abgewandelten nationalsozialistischen Ideologie viele tausend Menschen umbringt, obdachlos macht und aus ihrer Heimat vertreibt.

Ein anderer Mann, der 1914 der Bewegung *Junges*

46

Bosnien angehört hatte, aus der die Attentäter von Sarajewo hervorgegangen waren, hieß Ivo Andrić, der sein jugendliches Streben nach Freiheit und Unabhängigkeit mit einigen Jahren Kerker bezahlen mußte. Das Denkmal dieses Mannes, der als Schriftsteller für Toleranz und Völkerverständigung eintrat und für ein im wahren Sinne des Wortes humanistisches Werk den Nobelpreis bekam, wurde in seiner Heimat von den fanatischen Muselmanen zerstört. Die Fanatiker hassen offenbar mehr die Menschen, die zur Versöhnung aufrufen, als ihre vermeintlichen oder echten Feinde.

Napoleon hat einmal gesagt: „Zuerst handle ich und denke dann darüber nach." Es war kein Zufall, daß Hitler bei seinem Einmarsch in Paris ihm eine Reverenz im Pantheon erwiesen hatte. Weiß der Teufel, was er sich dabei in seinem Quadratschädel gedacht hatte. Die Menschen der zweifelhaften Tat halten zusammen und die botmäßigen und feigen Historiker, die man dutzendweise kaufen kann, machen ihnen eine Reverenz. Dagegen fällt die Reverenz, die man ab und zu einer Geistesgröße oder gar einem Nein-Sager erweist, geradezu schäbig aus. Macht ist Macht und Geist ist Geist. Daher die Neigung der Intellektuellen in den kleineren Ländern, sich am Spiel der Macht zu beteiligen.

Als Vaclav Havel sich entschlossen hatte, Widerstand zu leisten gegen die heruntergekommene kommunistische Oligarchie in seinem Land, dachte er sicherlich nicht daran, nach dem ersehnten Sieg über die Unterdrücker jeglicher abweichender Meinung ein politisches

Amt zu übernehmen. Er wollte lediglich die Zustände herbeiführen, unter denen er frei und ungestört seiner schriftstellerischen Arbeit nachgehen könnte. Daß er dann doch Präsident der nach dem nazistischen und kommunistischen Intermezzo wiederhergestellten demokratischen tschechoslowakischen Republik wurde, hatte sich so ergeben. Seine Freunde, hauptsächlich Intellektuelle, die mit ihm im Widerstand tätig waren, übertrugen ihm diese Aufgabe, weil er durch seine Haft und seine Schriften zu einer Symbolfigur geworden war. Sein *Versuch, in der Wahrheit zu leben* ist für ihn der demokratische Kompaß, mit dessen Hilfe er sich zwischen den an die Oberfläche der Gesellschaft gespülten Praktikern der Macht, wie es der Tscheche Klaus und der Slowake Mečiar sind, hindurchzulavieren versucht.

Etwas anders gelagert ist der Fall des serbischen Romanciers Dobrica Ćosić, den das Parlament Restjugoslawiens, das aus Serbien samt Kosovo und der Wojwodina sowie aus Montenegro besteht, zum Präsidenten gewählt hat. Die Wahlen zu diesem Parlament wurden von den Albanern im Kosovo-Gebiet sowie von den meisten oppositionellen Parteien boykottiert, so daß deren Ergebnisse mehr als zweifelhaft sind. Zudem fanden sie zu einer Zeit statt, in der der serbische Präsident Milošević durch seine aggressive Politik sein Land in eine völlige Isolation manövriert hat. Er kämpft mit dem Rücken zur Wand zusammen mit den wildgewordenen Resten der sogenannten Volksarmee und den Tschetnikverbänden des Psychopathen Šešelj, die Amok laufen gegen die Zivilbevölkerung Kroatiens,

Bosniens und der Herzegowina, mit dem imaginären Ziel, alle Serben in einem Land zu vereinigen. Diese Idee ist ebenso wahnwitzig wie die von einem ethnisch reinen Kroatien. Das einzige, was Milošević mit seinen Verbündeten bisher erreicht hat, abgesehen von den unzähligen Morden an unschuldigen Menschen und der Zerstörung alter, im Lauf der Jahrhunderte gewachsener Städte wie Vukovar, Dubrovnik und Sarajewo, ist das Verdecken der fundamentalistischen, ja faschistischen Züge der radikalen Nationalisten auf der anderen Seite.

Es scheint kein richtiger Augenblick zu sein, in einem verfemten Land eine so hohe Verantwortung zu übernehmen, es sei denn, Dobrica Ćosić ist entschlossen, dem makabren nationalistischen Spuk, der noch weiter zu eskalieren droht, ein Ende zu bereiten.

Der aus der serbischen Provinz stammende Dobrica Ćosić schloß sich als ganz junger Mann den Partisanen an, wurde bald Kommissar oder etwas Ähnliches und zog nach dem Krieg als Sieger in Belgrad ein. In der Folge wurde er als Literat zum Hätschelkind des titoistischen Regimes, das sich nach der Trennung von der Sowjetunion allmählich zu liberalisieren begann. Sein Roman *Weit ist die Sonne,* in dem er zum ersten Mal in der jugoslawischen Nachkriegsliteratur keine Schwarz-Weiß-Malerei bei der Schilderung des Partisanenkampfs betrieb, wurde zu Anfang der fünfziger Jahre mit Hilfe der offiziellen Propaganda zum Bestseller. Ein Belgrader Schulfreund, der bei der jugoslawischen Botschaft in Wien beschäftigt war, drückte mir diesen

Roman in die Hand, bevor ich im Sommer 1953 im Zuge der Öffnung nach dem Westen nach Belgrad fuhr. Dort lernte ich bei dem Dichter Oskar Davičo, der mich in die Stadt meiner Jugend eingeladen hatte, Dobrica Ćosić kennen. Er machte den Eindruck eines sympathischen jungen Mannes – er war damals zweiunddreißig und ich gerade dreißig –, der fest entschlossen war, in der erkämpften vermeintlichen Freiheit seinen Weg zu machen. Und er machte seinen Weg.

Man soll mich nicht mißverstehen, ich finde das durchaus in Ordnung. Es war die Zeit des großen Umbruchs in Jugoslawien, das zwischen den verfeindeten Welten des kalten Kriegs eine eigene Politik zu machen versuchte. Milovan Djilas, den ich ebenfalls damals kennengelernt hatte, eröffnete in seiner Zeitschrift *Der neue Gedanke* einen Krieg gegen die jugoslawische Nomenklatura, die, obwohl antistalinistisch, ihr stalinistisches Gehabe nicht ablegen konnte. Seine Redakteure versprachen mir, meinen ein Jahr zuvor erschienenen Roman *Tote auf Urlaub,* in dem ich nicht gerade zimperlich mit den Kommunisten umging, in seiner Zeitschrift in Fortsetzungen zu bringen, doch bald nach meiner Rückkehr nach Wien wurde Djilas gestürzt und mit ihm seine Ideen von einer wesentlichen Veränderung des kommunistischen Systems. Die Veröffentlichung meines Romans in serbischer Übersetzung mußte noch fünfunddreißig Jahre warten.

Dobrica Ćosić, aber nicht nur er, überstanden unbeschadet diese Auseinandersetzung innerhalb der Partei. Er gehörte jedoch, so weit ich mich erinnere, nie zu den Jägern auf Andersdenkende, was ihm zu Ehren gereicht. In den sechziger Jahren schrieb er die Trilogie *Die Teilungen,* in der er nicht nur die Vermögensteilungen innerhalb der Familien, sondern auch die ideologische Teilung zwischen den Kommunisten und den königstreuen Nationalisten schilderte. Zu dieser Zeit war er noch als angesehener Schriftsteller Angehöriger des jugoslawischen Parlaments und somit politisch tätig.

Und dann kam plötzlich der Bruch, den er nicht erwartet hatte. Anläßlich einer Reise in das Kosovo-Gebiet stellte er fest, daß die serbische Minderheit von den Albanern, die eine weitgehende Autonomie genossen, unterdrückt werde. Das stimmte wahrscheinlich, weil das albanische Nationalbewußtsein, das bis dahin unterdrückt war, unter Titos Nationalitätenpolitik langsam erwachte, so daß die Albaner den Serben, die sie jahrzehntelang als Parias behandelt hatten, das Gleiche mit Gleichem vergelten wollten. Die Rede, die Ćosić vor der Nationalversammlung hielt, führte dazu, daß er aller seiner politischen Ämter verlustig ging, weil Tito darauf bedacht war, alle möglichen nationalen Konflikte schon im Keim zu ersticken.

In der Folge galt Dobrica Ćosić als Dissident, der sich nun seiner schriftstellerischen Arbeit widmete und dabei ein respektables Werk schuf. Er fühlte sich als Dissident, obwohl seine Bücher in Titos Jugoslawien erscheinen konnten und viel gelesen wurden. Von da an verfaßte er dickleibige Trilogien oder gar Tetralogien über das Schicksal Serbiens in diesem Jahrhundert. Im ersten Zyklus *Die Zeit des Todes* schilderte er kraftvoll, mit epischem Atem, viel Liebe zum Detail und historischer Akribie die Leiden des serbischen Volkes während des Ersten Weltkriegs, in dem es der Übermacht der mächtigen österreichisch-ungarischen Monarchie Widerstand leisten mußte. Der zweite Romanzyklus behandelte die Geschicke seiner weit verzweigten Familien und Sippen in den Wirren der zwanziger Jahre bis in den Zweiten Weltkrieg hinein. Darin setzte sich Ćosić vor allem mit der kommunistischen Partei auseinander, von der die Hoffnungen eines Teils der serbischen Intellektuellen verraten wurden. Da seine Romanzyklen zu umfangreich sind, wurden sie nur zum Teil in fremde Sprachen übersetzt, darunter in Amerika und Frankreich, wo sie achtungsvolle Kritiken ernteten. Im deutschsprachigen Raum ist er so gut wie unbekannt.

Um diesem Mangel abzuhelfen, lud ihn im Februar 1988 der Österreichische PEN-Club auf Veranlassung von Professor Zoran Konstantinović zu einer Lesung nach Wien ein. Zu dieser Zeit fand in Wien eine Reihe von Protestkundgebungen gegen den Bundespräsidenten Kurt Waldheim statt. Da er seine wie immer geartete Vergangenheit als Oberleutnant der deutschen Besatzungsmacht in Jugoslawien und Griechenland verschwieg und darauf, zur Rede gestellt, Erklärungen abgab, die eine klare Stellungnahme über die Rolle der Österreicher im sogenannten Dritten Reich vermissen ließen, wurde er von zahlreichen österreichischen Intellektuellen zum Rücktritt aufgefordert.

Ich aß mit Dobrica Ćosić in einem Restaurant in der Innenstadt zu Mittag und nahm ihn dann zu einer dieser Kundgebungen am Stephansplatz mit, wo auch ich sprach, wohl wissend, daß wir nicht viel ausrichten konnten; man muß aber in bestimmten Augenblicken bestimmte Dinge sagen, damit die Machthaber nicht alles widerspruchslos tun können.

Nun wurde dieser bedeutende Schriftsteller, der damals in Wien neugierig zusah, was wir da im leichten Schneegestöber machten, zum Präsidenten des dritten, schmal gewordenen Jugoslawien, in einer der prekärsten Situationen, die seine Heimat je durchgemacht hatte. Nichts illustriert deutlicher die Kluft, die die Träger der Macht von den Intellektuellen trennt, als seine Amtsübernahme. Der serbische Präsident Slobodan Milošević kam in einer großen, blitzenden Limousine, wahrscheinlich einem Mercedes, vor dem Parlament an, eskortiert von Gorillas, die ihm den Weg zum Eingang freimachten. Der gerade gewählte Präsident Jugoslawiens, der eigentlich über ihm stehen sollte, kam in einem alten, verrosteten Belgrader Taxi daher und mußte sich legitimieren, weil die Gorillas ihm den Zutritt verweigerten.

Dobrica Ćosić ist kein radikaler Nationalist, aber er ist ein Patriot. Da er keine Machtbefugnisse wie seinerzeit der französische Präsident De Gaulle besitzt, der die rebellierenden Generäle, die den sinnlosen Krieg in Algerien bis zum bitteren Ende durchfechten wollten, kurzerhand verhaften ließ, bleibt ihm nichts anderes übrig, als sich auf seine Überzeugungskraft zu verlassen, um sein Volk von dem Bunkerdenken zu befreien und vor einer totalen Katastrophe zu retten, in die es von den vom Selbstvernichtungswahn besessenen Nationalisten getrieben wird. Vielleicht genügt es, zur rechten Zeit das richtige Wort zu sagen. Ich weiß, daß die Rechnung zwischen den Intellektuellen und den Machthabern nie aufgeht, aber in diesem Fall möchte ich mich gern täuschen.

Juni 1992

DER GORDISCHE KNOTEN KOSOVO

Eigentlich hat der endgültige Zerfall Jugoslawiens 1989 mit der Besetzung Kosovos durch die serbische Polizei und Armee angefangen. Genauso wie die Slowenen und Kroaten fühlten sich auch die Serben im Rahmen der jugoslawischen Föderation in ihren nationalen Rechten beschnitten, ohne zu bedenken, daß man in einer wie immer gearteten Gemeinschaft gewisse Opfer bringen müsse, um ein Zusammenleben zu ermöglichen.

Tito, der den Untergang der österreichisch-ungarischen Monarchie infolge der ungelösten nationalen Frage miterlebt hatte, versuchte diese Frage in seinem Vielvölkerstaat zu lösen, wohl wissend, daß sie beinahe unlösbar ist, falls es ihm nicht gelinge, ein gesamtjugoslawisches Nationalgefühl bei seinen Untertanen zu entwickeln, und das ging nur, wenn man die einzelnen Nationalgefühle unterdrückte und die blutigen Auseinandersetzungen zwischen verschiedenen Balkanvölkern in jüngster Zeit unter den Teppich kehrte.

Diese Politik der Gleichschaltung in einem gesamtjugoslawischen Sinn betrieb Titos langjähriger Innenminister Aleksandar Ranković, ein Serbe aus Belgrad, mit rigorosen Methoden, die er aus der früheren stalinistischen Epoche übernommen hatte. So unterdrückte er den albanischen Nationalismus im Kosovo-Gebiet, dessen Anhänger zum Teil mit der deutschen Besatzungsmacht kollaboriert hatten, in der Hoffnung auf eine

55

spätere Selbständigkeit. Nach dem Sturz von Ranković, der offenbar in seinem Polizisteneifer auch auf anderen Gebieten übertrieben hatte, gab Tito den Kosovo-Albanern eine weitgehende Autonomie, in der Annahme, daß die albanischen Kommunisten imstande sein würden, ihren Landsleuten einen gesamtjugoslawischen Patriotismus einzutrichtern. Das geschah 1974.

Diese weitgehende Autonomie, die auch die nördliche Provinz Wojwodina genoß, die ebenso zur Republik Serbien gehörte, nützten die Albaner aus, um ihre Selbständigkeit auszubauen. Sie hatten einen eigenen Fernsehsender, eigene Zeitungen, Schulen und Universitäten – und natürlich verschiedene Betriebe, die sich auf ihrem Gebiet befanden oder neu gegründet wurden. Sie waren nun halbwegs eigene Herren, die es der serbischen Minderheit (weniger als fünfzehn Prozent) nach jahrzehntelanger Unterdrückung heimzuzahlen versuchten.

Die Autoren des Buchs *Kosovo: Gordischer Knoten des Balkans* Christine von Kohl und Wolfgang Libal, waren lange Südosteuropakorrespondenten und kennen die Situation aus eigener Erfahrung. Mit selten gewordener Objektivität versuchen sie mit Hilfe von Originaldokumenten der scheinbar unüberwindlichen und in der letzten Zeit künstlich hochgespielten Feindschaft zwischen den Serben und den Kosovo-Albanern auf den Grund zu gehen.

„In der serbischen Literatur stößt man, wie in der Politik, immer wieder auf das Thema: die Serben werden verkannt, die Serben werden gedemütigt, die Serben sind von der Vernichtung bedroht", stellt das Autoren- und Ehepaar Kohl-Libal fest. „Die serbische Identität ist geprägt vom Traum des eigenen Heldentums und der Trauer um verlorene Größe. Dieser Traum und diese Trauer sowie Schmerz und Zorn über nicht verwirklichte Ambitionen bilden mit dem Gefühl, isoliert und unverstanden zu sein, ein ideologisches Geflecht, das zu einem Realitätsverlust führt. Dadurch werden die Serben manipulierbar, wenn die Politik, wie die der serbischen Kommunisten seit 1981, ihre nationalen Gefühle mobilisiert."

Wie die nationalen Emotionen angeheizt werden, habe ich selbst bei einigen Besuchen in den achtziger Jahren in Belgrad erlebt. Ich habe gesehen, wie eine tausendköpfige Abordnung von Kosovo-Serben das serbische Parlament umlagerte und Schutz für ihre Mitbürger forderte. In den Zeitungen wurde der kleinste Zwischenfall zu einer Staatsaffäre aufgebauscht. Als zum Beispiel ein junger Albaner ein serbisches Mädchen vergewaltigt hatte, fand es ein Belgrader Boulevardblatt für angebracht, darüber unter der Balkenüberschrift *Skipetaren vergewaltigen unsere Frauen* zu berichten. Ich kann nicht albanisch, aber ich kann mir vorstellen, was die Zeitungen der Kosovo-Albaner in umgekehrten Fällen, die es sicherlich auch gab, schrieben.

Am 28. Juni 1989 mobilisierte der neue nationale Führer Milošević einige hunderttausend Menschen aus Serbien zu einer Pilgerfahrt auf das Amselfeld, auf dem 1389, also vor sechshundert Jahren, das serbische Heer der osmanischen Übermacht unterlag, um den „heiligen" Boden, auf dem sich das mittelalterliche serbische Reich befand, endgültig für Serbien zu beanspruchen, obwohl auf ihm heute vorwiegend Albaner leben. Die Serben hatten nämlich dreihundert Jahre später das fruchtbare Tal und die schönen alten Klöster verlassen und waren in großen Trecks, darunter meine Vorfahren, nach Österreich, nördlich der Donau gezogen, aus Angst vor den Repressalien der Türken, gegen die sie wieder einmal, diesmal auf der Seite der österreichischen Truppen, gekämpft hatten. So stiegen die Albaner von den umliegenden Bergen nach und nach hinunter und wurden mit der Zeit im Kosovo-Gebiet (kos heißt serbisch die Amsel – daher das Amselfeld) heimisch.

„Für die einen, die Serben, ist das Kosovo das ‚heilige Land' ihrer Geschichte", führt das Autorenduo Kohl-Libal aus, „für die anderen, die Albaner, das Kraftfeld ihrer Zukunft. Man kann die einen nicht von ihrer Geschichte abschneiden, und man kann den anderen nicht ihre Zukunft nehmen. Und man kann am Ende des zwanzigsten Jahrhunderts das Problem auch nicht mit Gewalt lösen, wie das in der Vergangenheit versucht wurde."

Die große Demonstration der Serben auf dem Amselfeld beantworteten die Skipetaren mit Gegendemonstrationen, bei denen sie Tito-Bilder trugen, dem sie ihre Autonomie verdankten. Bei den tätlichen Auseinandersetzungen, die dabei entstanden, gab es Tote und Verletzte auf beiden Seiten. Die Reaktion der Serben ist bekannt – die faktische Besetzung des ehemals autonomen Gebiets. Die albanische Bevölkerung verhält sich seither ruhig, boykottiert aber den von den Serben diktierten Schulunterricht und die Wahlen. Sie organisierten eine Art Privatunterricht für ihre Kinder und hielten eigene Wahlen ab, nach denen sie ihre Unabhängigkeit erklärten.

„Jede dauerhafte Lösung im Kosovo muß das volle Recht der Minderheiten garantieren, das der Serben im besonderen. Es kann allerdings nicht behauptet werden, daß die militärische Besetzung des Kosovo diesem Ziel näherführt", heißt es in einem Bericht der Helsinki-Föderation, die von den Kosovo-Albanern mehrmals zum Lokalaugenschein aufgefordert wurde.

Christine von Kohl und Wolfgang Libal befürchten mit Recht, daß sich der sinnlose Krieg in Bosnien auf den Krisenherd Kosovo ausweiten und damit einen Balkankrieg auslösen könnte, bei dem auch die Nachbarn Albanien, Mazedonien, Bulgarien und Griechenland nicht ungeschoren bleiben würden.

„Wenn der gordische Knoten Kosovo nicht mit Gewalt zerschlagen, sondern mit friedlichen Mitteln gelöst werden soll, dann sicher nur durch den Dialog", schreiben Christine von Kohl und Wolfgang Libal am Ende ihres Buches. „Dabei wird es ganz unwesentlich sein, ob die Serben oder die Albaner zuerst in diesen Raum auf der Balkanhalbinsel kamen, oder ob schon andere vorher dort waren. Es wird auch nicht entscheidend sein, ob die Serben sich mehr an den Albanern vergangen haben oder umgekehrt. Nicht die Vergangenheit, sondern die Gegenwart und Zukunft werden entscheidend sein in dem Dialog, der eines internationalen Rahmens bedarf, weil die beiden Seiten in den erstarrten Positionen verharren, in die sie einander gedrängt haben."

Die Serben müßten sich, glaube ich, von dem Vorurteil befreien, alle seien an ihrem Unglück schuldig, nur sie selbst nicht. Das Eingeständnis der eigenen Schuld oder zumindest einer starken Mitschuld wäre der einzige Schritt zur Verständigung mit den anderen, von denen man dann das Gleiche verlangen könnte.

Juli 1992

ABSCHIED VON ISTRIEN

Wie schon seit gut dreißig Jahren sitze ich nachts am Speisetisch unseres Sommerhauses in Rovinj und lege Patience, bevor ich mit der Arbeit beginne. Die Gewohnheit, nachts zu arbeiten, stammt aus den ersten Nachkriegsjahren, in denen meine Wohnung aus einem Zimmer und einer schmalen Küche bestand. Ich mußte warten, bis meine damalige Frau und mein kleiner Sohn schlafen gingen, damit ich am Küchentisch in Ruhe schreiben konnte.

An unserem Speisetisch in Rovinj mit seiner karierten Plastikdecke, die man einst Wichsleinwand nannte, habe ich in den letzten dreißig Jahren wesentliche Teile meiner Bücher geschrieben, doch voriges Jahr und heuer geht mir hier nichts von der Hand, auch die Patience geht nicht auf, weil ich unkonzentriert die Karten lege. Aus der friedlichen Oase, in der ich immer wieder Zuflucht gesucht habe, um Abstand zu meiner Umwelt und zu mir selbst zu finden, ist ein Ort der Unruhe, der Bedrohung und der Angst geworden.

Im Vorjahr, das heißt Ende Juni, Anfang Juli 1991 war das offensichtlicher als heute, ein Jahr danach. Obwohl man das Gefühl hatte, daß es in Jugoslawien nicht mehr so weiter gehen könne wie bisher, waren alle überrascht von den Folgen der bis dahin nur verbalen Auseinandersetzungen zwischen den verschiedenen Ländern der sozialistischen föderativen Republik

Jugoslawien, nicht nur die Zuschauer aus aller Welt, sondern auch die Protagonisten selbst.

Als meine Frau und ich voriges Jahr hinunterfuhren, schien alles in bester Ordnung zu sein. Der amerikanische Außenminister Baker kam zusammen mit einem Vertreter der Weltbank nach Belgrad und versprach dem zu radikalen Reformen entschlossenen gesamtjugoslawischen Regierungschef Ante Marković einen ansehnlichen Kredit, der zur Verbesserung der Infrastruktur, also des Straßen- und Schienennetzes sowie anderer Kommunikationssysteme verwendet werden sollte. Unter dem Druck der Amerikaner wurde endlich der Kroate Stipe Mesić nach der ursprünglichen Ablehnung von seiten der Serben und Montenegriner zum neuen Staatspräsidenten gewählt. Kaum waren die Besucher aus der großen Welt abgereist, erklärte Slowenien seine Unabhängigkeit und damit die Trennung von dem bisherigen Staatsgebilde, was wiederum die sogenannte Volksarmee veranlaßte, Slowenien mit Panzern zu durchqueren, um die Grenzposten zu besetzen, unter dem Vorwand, die Staatsgrenzen sichern zu müssen.

Die darauffolgenden Ereignisse sind hinlänglich bekannt. Die slowenische Territorialverteidigung leistete Widerstand, zu dem sie ausgebildet worden war. Es gab Barrikaden, von den Panzern niedergewälzte Autos, zerstörte Brücken und Häuser, Tote und Verletzte. Das alles spielte sich etwa siebzig Kilometer nördlich von Rovinj ab, so daß wir das Gefühl bekamen, in diese gewaltsamen Auseinandersetzungen hineingezogen worden zu sein. Da man den kroatischen Teil Istriens mit dem Wagen nicht verlassen konnte, ohne das vom Krieg betroffene Slowenien zu passieren, entstand unter den vielen Touristen Panik. Viele versuchten, das unsicher gewordene Jugoslawien mit Fähren zu verlassen, doch die Fähren waren auf einen solchen Andrang nicht vorbereitet, so daß die meisten Touristen abwarten mußten, bis die Durchfahrt zur italienischen Grenze bei Triest wieder frei wurde.

„Hätten die Slowenen nicht abwarten können, bis die Saison vorbei ist?" sagte ein italienischer Gastwirt zu mir und drückte damit die Meinung seiner istrischen Mitbürger aus.

Auch ich hatte den Eindruck, daß die ganze Geschichte von den Politikern nicht richtig durchdacht war und langsam ins Irrationale umzukippen drohte, ohne Rücksicht auf Verluste an irdischen Gütern und Menschenleben. Die Armee, die weder moralisch noch materiell auf einen so heftigen Widerstand vorbereitet war – auch in ihren Kommandozentralen saßen offenbar Hohlköpfe –, zog sich nach wenigen Tagen zurück und nach ihr die noch übriggebliebenen Touristen, so daß die Hotels, die Gasthäuser und die schöne Küste Istriens mitten im Sommer leer blieben.

Zehn Tage lang erfuhren wir, was es heißt, auf einer kleinen Halbinsel eingekesselt zu sein. Kaum hatte der Nachrichtensprecher im Radio gemeldet, daß die Grenze wieder frei sei, fuhren wir los, passierten die aus Eisen und Beton errichteten Barrikaden an der neuen Grenze zwischen Kroatien und Slowenien und erreichten Triest, nachdem uns die slowenischen Zöllner noch einen Prospekt über die Schönheit ihrer Heimat in die Hand gedrückt hatten; sie bauten für die Zukunft vor. Tote hatte es nur auf dem Fernsehschirm gegeben.

Seitdem ist ein Jahr vergangen, in dem sich die kriegerischen Auseinandersetzungen in den Osten Kroatiens verlagert und schließlich Bosnien und die Herzegowina erfaßt haben, mit einer Brutalität, die in europäischen Gefilden nach der längsten Friedensperiode in unserem Jahrhundert einfach abstrus erscheint. Es war verständlich, daß ich angesichts dieser desolaten Situation sehr lange zögerte, wie alle Jahre nach Rovinj zu fahren, bis ich erfuhr, daß Istrien ruhig und frei von Soldaten welcher Art auch immer sei. Man habe zwar im Winter in unserem Haus die Verandatür eingedrückt, alles durcheinandergewühlt, aber nur den Fernseher, den Telefonapparat und zwei Batterielampen mitgenommen. Unser Vertrauensmann in Rovinj, ein Italiener, der sich schon seit Jahren in unserer Abwesenheit um das Haus und den Garten kümmert, traute sich nicht, eine Anzeige bei der Polizei zu erstatten, weil man ihm dort den Vorwurf hätte machen können, das Haus, das mein Vater, der lange in Belgrad als Chirurg tätig war, gebaut hatte, sei serbisches Eigentum, als spiele das bei diesem Tatbestand eine wesentliche Rolle. Ein bestohlener Serbe war demnach keines Schutzes bedürftig. Als ich ihm erklärte, daß die Erben meines Vaters, der schon lange tot ist, also mein Sohn und ich, Österreicher seien, meinte er, für die

Leute, vor denen er offenbar Angst hatte, bleibe ein Serbe ein Serbe. Aber sonst herrsche in Istrien Ruhe.

Das wurde durch den ersten Augenschein bestätigt. Freundliche Grenzpolizisten, freundliche Gastwirte und freundliche Nachbarn, die den Anschein erweckten, sich zu freuen, uns wiederzusehen. Die Stadt wirkte zuerst ein bißchen leer, ungefähr so wie vor dreißig Jahren, doch bald kamen wieder Touristen, Italiener, Deutsche, Österreicher, sowie ein paar verirrte Tschechen und Franzosen. Alles schien sich langsam zu normalisieren, obwohl wenige hundert Kilometer östlich der Krieg tobte, den man eher als eine unbeschreiblich brutale Metzelei der Zivilbevölkerung bezeichnen könnte. Den Hauptanteil daran haben die serbischen Tschetniks und die in Ostkroatien und Bosnien verbliebenen Teile der schwer bewaffneten Volksarmee, die, von ihren wahnsinnig gewordenen Kommandeuren dazu getrieben, sinnlos herumschießt, Städte und Dörfer in Schutt und Asche legt und ganze Gegenden entvölkert, indem sie die noch am Leben Gebliebenen zur Flucht zwingt.

Angesichts dieser spektakulären Barbarei, die alle möglichen oder vorgetäuschten Gründe für den Ausbruch der Konflikte einfach vom Tisch wegfegt, ist es durchaus verständlich, daß in den unmittelbar bedrohten Gebieten antiserbische Gefühle zum Vorschein kommen. Sie richten sich nicht allein gegen die Täter, sondern auch gegen die friedlichen Nachbarn, die man zu Tode prügelt und deren Häuser man anzündet. Diese Welle des Hasses hat Istrien noch nicht erreicht, weil hier auch Italiener und Slowenen leben, so daß die

Halbinsel seit jeher nach allen Richtungen offen war. Auf dem Rathaus in Rovinj weht neben der kroatischen eine italienische Fahne, und das wirkt beruhigend. Man weiß jedoch nicht, wie lange noch.

Der kroatische Präsident hatte einmal erklärt, Istrien müsse kroatisch werden, worauf seine Partei hier keine Mehrheit erreichen konnte. An der nächsten Wahl, die am 2. August stattfinden soll, können nur Menschen teilnehmen, die einen Heimatschein vorweisen. Damit wurden zwanzig Prozent der Bürger ausgeschlossen, wie die Oppositionsparteien behaupten, und die müssen Bescheid wissen. Dafür dürfen alle Kroaten, die in der Emigration oder im Ausland leben – etwa zehn Prozent der Bevölkerung – über das Schicksal ihres Landes entscheiden. Die kroatischen Oppositionsparteien sprechen von Manipulation. Ich sage nichts dazu, weil ich mich in die innere Angelegenheiten eines Nachbarstaates nicht einmischen will.

Den Heimatschein gab es in Österreich vor dem Krieg, heute mit Recht nur mehr den Staatsbürgerschaftsnachweis, denn in einem modernen Staat sind die bürgerlichen Freiheiten und Rechte sowie die Lebensqualität viel wichtiger als irgendwelche ethnischen oder religiösen Zugehörigkeiten. Ich kann also den Behörden in Rovinj nur meinen Staatsbürgerschaftsnachweis präsentieren. Wird das aber genügen, um den Makel meiner serbischen Herkunft zu beseitigen? Da ich seit den allerersten Nachkriegstagen in Österreich lebe, nie Staatsbürger des titoistischen Jugoslawien und folglich an keinen kommunistischen oder nationalistischen Exzessen teilgenommen habe, wird sich das irgendwie regeln lassen. Ich habe aber keine Lust, darauf zu warten, daß jemand an meine Tür klopft und mich nach meiner Herkunft, meiner Religion oder meiner Gesinnung ausfragt. Ich will mich nicht vor irgendwelchen Dummköpfen oder Fanatikern rechtfertigen und mich wegen meiner Abstammung entschuldigen. Sie sind mir genauso zuwider wie die anonymen Anrufer in Belgrad, die, wie ich höre, allen Nichtserben drohen, sie mit Gewalt aus der Stadt zu vertreiben.

Die einstige venezianische, österreichische, italienische und schließlich jugoslawische Stadt Rovinj hatte wegen ihrer schönen Lage in den sechziger und siebziger Jahren vor allem Künstler aus allen Großstädten Jugoslawiens angezogen. Schriftsteller, Maler, Schauspieler und Filmemacher bevölkerten jeden Sommer die engen, steilen Gassen, die zum Campanile hinaufführen, die italienischen, kroatischen, serbischen und albanischen Gaststätten auf den kleineren und größeren Plätzen und die Uferpromenade. Viele von ihnen waren europaweit bekannt. Die nächtlichen Gespräche konnten am nächsten Tag an den Stränden der umliegenden Inseln fortgesetzt werden. Aber jetzt gibt es hier niemanden, mit dem ich sprechen könnte. Es fehlen nicht nur die Intellektuellen aus Belgrad, sondern auch die aus Zagreb.

Da ist noch ein Schriftsteller aus Belgrad, der sich schon vor langer Zeit nach Rovinj zurückgezogen hat – er schreibt gut und trägt mit Vorliebe weiße Leinenanzüge – sowie ein sympathischer Regisseur mit graumeliertem Bart, der immer wieder mit jungen Freundinnen herumzieht und Experimente mit natürlichen, elektronisch verfremdeten Geräuschen macht und seine Produktionen hauptsächlich in Deutschland und Frankreich placiert. Die beiden wissen nicht, ob und wann man ihnen die Gastfreundschaft kündigen wird, weil sie keinen Heimatschein erbringen können. Etwas besser dran ist vielleicht der aus Bosnien stammende Romancier und Erzähler Mirko Kovač, der hierher geflüchtet ist, weil ihn fanatische Nationalisten in Belgrad, seinem letzten Wohnort, verprügelt haben; seine Ansichten haben ihnen offenbar nicht gepaßt. Wohin soll er ziehen, wenn die andere nationalistische Welle Istrien erreicht? Ich konnte ihn nicht danach fragen, weil er ganz zurückgezogen lebt.

Einer, der sich nicht mit allzu vielen Fragen belastet und frischfröhlich durch Rovinj spazierengeht, ist ein „Bildhauer", der bis vor kurzem Titos Büsten aus allem möglichen Material für verschiedene Betriebe sowie, in kleinerem Format, für den Hausgebrauch en masse produziert und verkauft hat. Ich ging ihm aus dem Weg, ich wollte nicht wissen, wessen Büsten er jetzt verfertigte.

Der Krieg hat in Rovinj die weltoffene, intellektuelle Atmosphäre verwüstet und es wieder zu einer kleinen Provinzstadt gemacht. Eine Stadt machen die Menschen aus, die in ihr wohnen, und dazu hat das schillernde Volk der zugereisten Küstler gehört, das nicht mehr da ist. Wer weiß, ob es, selbst wenn der Krieg einmal aus sein sollte, jemals wieder herkommen würde? Die

Wunden in der Seele heilen viel langsamer als die physischen Verletzungen. Es kann nie mehr so sein, wie es einmal war. Vielleicht ist für mich die Zeit gekommen, von Istrien, wenn auch schweren Herzens, Abschied zu nehmen.

Juli 1992

ZUM HUNDERTSTEN GEBURTSTAG VON IVO ANDRIĆ

„Wer in Sarajewo die Nacht durchwacht, kann die Stimmen der Nacht von Sarajewo hören. Schwer und sicher schlägt die Uhr an der katholischen Kathedrale: zwei nach Mitternacht. Es vergeht mehr als eine Minute (ich habe genau 75 Sekunden gezählt), und erst dann meldet sich, etwas schwächer, aber mit einem durchdringenden Laut die Stimme der orthodoxen Kirche, die nun auch ihre zwei Stunden schlägt. Etwas später schlägt mit einer heiseren und fernen Stimme die Uhr am Turm der Beg-Moschee, sie schlägt elf Uhr, elf gespenstische türkische Stunden, die nach einer seltsamen Zeitrechnung ferner, fremder Gegenden dieser Welt festgelegt worden sind. Die Juden haben keine Uhr, die schlägt, und Gott allein weiß, wie spät es bei ihnen ist, wie spät nach der Zeitrechnung der Sepharden und nach derjenigen der Aschkenasen. So lebt auch noch nachts, wenn alle schlafen, der Unterschied fort, im Zählen der verlorenen Stunden dieser späten Zeit. Der Unterschied, der all diese schlafenden Menschen trennt, die im Wachen sich freuen und traurig sind, Gäste empfangen und nach vier verschiedenen, untereinander uneinigen Kalendern fasten und alle ihre Wünsche und Gebete nach vier verschiedenen Liturgien zum Himmel senden. Und dieser Unterschied, der manchmal sichtbar und offen ist, manchmal unsichtbar und heimtückisch, ist immer dem Haß ähnlich, sehr oft aber mit ihm identisch. – Diesen spezifisch bosnischen Haß müßte man studieren und bekämpfen wie eine gefährliche und weit verbreitete Krankheit."

Diesen Text hat nicht ein Beobachter der gegenwärtigen blutigen Auseinandersetzungen in Bosnien geschrieben, sondern Ivo Andrić, der 1961 den Nobelpreis für Literatur erhielt und dessen hundertster Geburtstag sich am 9. Oktober jährt. Das Zitat stammt aus seiner Geschichte *Brief aus dem Jahre 1920,* die er während des Krieges oder unmittelbar danach geschrieben hat. Es ist die Geschichte seines Schulfreundes, des jüdischen Arztes Dr. Max Löwenfeld, der vor dem Haß in ihrer gemeinsamen Heimat Bosnien flieht und schließlich im spanischen Bürgerkrieg zusammen mit seinen Patienten bei einem Luftangriff getötet wird.

Ivo Andrić, ein Nachkomme bosnischer Handwerker und Kaufleute, wurde am 9. Oktober 1892 in Travnik geboren und besuchte das Gymnasium in Sarajewo. Fragt man sich, was ihn geprägt hat, so stößt man auf vielfältige und widersprüchliche Einflüsse. Seine Studien absolvierte Andrić an den österreichischen Universitäten Wien, Graz und Krakau. Als Gymnasiast verschrieb er sich national-revolutionären Traditionen. Zu Anfang des Ersten Weltkriegs wurde er als Angehöriger der Bewegung *Junges Bosnien,* aus der auch die Attentäter von Sarajewo, Tschabrinović und Princip, hervorgegangen waren, von den Österreichern interniert.

In der Gefangenschaft schrieb er eine Art lyrisches Tagebuch, das nach dem Krieg unter dem Titel *Ex ponto* erschien. Bald darauf, 1919, veröffentlichte er seine erste größere Erzählung *Die Reise des Alija Djerdjeles,* die ihn sogleich bekannt machte. Schon in diesen Frühwerken läßt sich der dritte große, für Andrić bestimmende Einfluß erkennen: Die Welt des Orients, die gerade in seiner Heimat mit der mitteleuropäischen zusammenstieß; ihr verdankte er den Sinn für die Distanz des Erzählers zu seinem Gegenstand und das besondere Verhältnis zur Zeit, die einmal alles bedeutet und einmal nichts.

Die Geschichten, die Ivo Andrić zwischen den beiden Weltkriegen geschrieben hat, beginnen alle wie von ungefähr, so als handle es sich nur darum, eine Anekdote zu erzählen, und führen unversehens mitten in ein besonderes Schicksal, dessen exemplarische Bedeutung unaufdringlich, aber zwingend demonstriert wird. In der Geschichte *Mustafa Magyar* etwa, die während des türkisch-österreichischen Konflikts in Bosnien spielt, zeichnet er die Gestalt eines nach dem Sieg plötzlich entwurzelten Kriegshelden, der zuletzt von Zivilisten als Massenmörder erschlagen wird, Andrić siedelt sie zwar in einem bestimmten historischen Milieu an, er trifft mit ihr jedoch zugleich den Typ des Putschisten der zwanziger Jahre, des unverwendbar gewordenen dekorierten Helden des Zweiten Weltkriegs sowie den heutigen Marodeur, der auf eigene Rechnung Frauen und Kinder in Bosnien abschlachtet.

In der Erzählung *Buffet Titanic,* die während der deutschen Besetzung Jugoslawiens, in der Zeit der Judenverfolgungen, spielt, durchleuchtet er das Vorleben des kleinen Mitglieds der faschistischen Ustascha-Organisation Stjepan Ković. Dieser Mensch hat sich in allen möglichen untergeordneten Berufen herumgetrieben, aber nirgends etwas Ordentliches geleistet. Dabei ist er aber ein Muttersöhnchen, dem man eingeredet hat, daß er zu Höherem berufen sei. Seine stets ungestillte Gier nach Erfolg, Macht und Geld treibt ihn schließlich zu den uniformierten und bewaffneten Ustascha-Leuten. Aber genauso wie er bisher in seinem Leben zu kurz gekommen ist, kommt er als Ustascha-Mann zu kurz. Seine Kollegen plündern in den Häusern der reichen jüdischen Familien, und ihm bleibt kein anderes Opfer als der armselige Besitzer einer kleinen jüdischen Kneipe, der es genauso wie sein Henker nie im Leben zu etwas gebracht hat.

Seinem frühen Ruhm mißtrauend, trat Ivo Andrić 1924 in den jugoslawischen diplomatischen Dienst, in dem er bis zum Ausbruch des Zweiten Weltkriegs, der Jugoslawien erst 1941 erfaßt hatte, verblieb. Zuletzt war Andrić stellvertretender Außenminister und dann jugoslawischer Botschafter in Berlin. Im April 1941 wurde er in einem Lager am Bodensee interniert, später aber freigelassen. Bis zum Ende des Kriegs lebte er zurückgezogen in Belgrad.

Die beiden großen Romane, die Andrić während des letzten Weltkriegs geschrieben hat, *Die Brücke über die Drina* und *Die Chronik von Travnik* (deutsch unter dem Titel *Wesire und Konsuln),* sind jeweils in eine bestimmte historische Epoche verlegt, enthalten aber all das Wissen um Gesellschaft, Politik und menschliche Verhaltensweisen, das nur der scharf beobachtende Zeitgenosse aufbringen konnte. Die Brücke über die Drina, die Andrić in seinem ersten Roman zum Mittelpunkt von vierhundert Jahren bosnischer Geschichte macht, ist für ihn das Symbol des Überdauerns des schöpferischen Gedankens, der die Zerstörung des Werkes überlebt.

Der Roman *Wesire und Konsuln* spielt während der napoleonischen Besetzung Illyriens, jenes künstlichen Staatsgebildes, das Teile von Kärnten, der Steiermark, Slowenien, Istrien und Bosnien umfaßte. Inhalt des Romans bilden die Wechselbeziehungen zwischen dem besiegten Volk, den alten türkischen Herren und den französischen Eroberern. Die Überlagerungen der unterschiedlichsten Entwicklungsstufen, Traditionen und Mentalitäten gibt Andrić die Möglichkeit, eine Zeit des Übergangs zu schildern, die zahlreiche Bezüge zur Gegenwart aufweist.

Eine der letzten größeren Arbeiten von Ivo Andrić, der 1975 starb, ist die Novelle *Der verdammte Hof,* in der sich seine dichterischen Qualitäten besonders stark manifestieren. Es ist die Geschichte eines großen Gefängnisses in Istanbul, das für Diebe, Mörder, kleine und große Betrüger und alle tatsächlichen und vermeintlichen Gegner des Sultans, die man schon gefaßt hatte oder noch zu fassen hoffte, bestimmt war. Eine der Hauptfiguren der Novelle ist der Gefängnisdirektor, der verlotterte Sproß einer guten Familie, der in seiner Jugend selbst Verbrecher war und deshalb mit einer Art Haßliebe an dem Milieu der Verbrecherwelt hängt; ein Menschenfänger schlechthin. Sein Gegenspieler ist ein junger Intellektueller, der sich so viel mit Studien befaßt hat, daß er seine Phantasien nicht mehr von der Wirklichkeit unterscheiden kann. In nächtlichen Verhören bringt ihn der Gefängnisdirektor zum Geständnis einer imaginären Schuld, und zwar im Auftrag seiner vorgesetzten Behörden, denen ein geständiger Rebell im Augenblick gerade gelegen kommt.

In der Novelle *Der verdammte Hof* zeichnet Andrić das Bild der Lagerwelt, die in unserer Zeit ungeheuere Ausmaße angenommen hat. Es ist die Geschichte der Angst der Herrschenden vor den unkontrollierbaren Gedanken der Untertanen.

Obwohl die Werke von Ivo Andrić auf den ersten Blick konservativ erscheinen, gehören sie zur engagierten Literatur im besten Sinn dieses Wort. Es ist ein Engagement weniger in tagespolitischen Fragen als im Geiste eines echten europäischen Humanismus. Obwohl er kroatischer Herkunft und katholisch getauft war, schrieb er in Belgrad in der serbischen Variante der serbokroatischen oder kroatoserbischen Sprache. Er legte nie Wert darauf, nach irgendeiner dieser zufälligen Äußerlichkeiten beurteilt oder eingeordnet zu werden; das waren seine privaten Angelegenheiten. Er gehörte zu den jugoslawischen Intellektuellen, die ihre Heimat mit all ihren Ungereimtheiten und Widersprüchen Europa nahezubringen versuchten. Vielleicht war das der Grund dafür, daß ein fanatischer Moslem Andrićs bescheidenes Denkmal in Višegrad bei der Brücke über die Drina zerstört hat, unter dem Vorwand, Rache für die Greueltaten der serbischen Soldateska zu üben. Ich glaube, man sollte Ivo Andrić wieder und etwas genauer lesen – er wirkt sehr versöhnlich.

August 1992

Ein trauriges Nachspiel

Ivo Andrić ist ein posthumes Opfer des Kriegs in Bosnien geworden. Die kroatischen Schulbehörden haben seine Beiträge aus den Lesebüchern entfernt, die Beiträge des einzigen jugoslawischen Nobelpreisträgers, weil er ihrer Ansicht nach zeit seines Lebens die „kroatische Sache" – was immer man darunter versteht – nicht hinreichend vertreten hat.

OB SIE WOLLEN ODER NICHT, MÜSSEN SIE EINE GEMEINSAME SPRACHE FINDEN

Gespräch mit Thomas Rothschild

Sie haben 1959 in einem Aufsatz über Ihre Genera-
tion in Jugoslawien geschrieben: „Soweit sie nicht aus-
gerottet wurde, wurde sie nationalistisch oder kommu-
nistisch, abgesehen von einigen echolosen Einzelgän-
gern, zu denen ich mich seit dem Augenblick zähle, in
dem ich mein Land freiwillig verließ." Können Sie die-
se Aussage erläutern?
Die Rebellion der dreißiger Jahre, die uns damals in
den Widerstand geführt hat, war doch etwas ganz anderes als die sogenannte sozialistische Wirklichkeit
nach dem Krieg. Man muß ja bedenken – das haben
die Jugoslawen dann später irgendwie verdrängt, so daß
die Welt es vergessen hat –, aber 1945 waren sie
Superstalinisten, alle, auch Herr Djilas, sie haben nicht
nur echte Gegner verfolgt, also ehemalige Nazis und
Kollaborateure, sondern alle bürgerlichen Intellektuellen und alle Intellektuellen in ihren eigenen Reihen, die
sich getraut haben, eine abweichende Meinung zu haben. Man hat erst jetzt darüber geschrieben, ich habe
es aber gewußt – ich war damals im April/Mai drau-
ßen, Belgrad war aber schon Ende Oktober 44 befreit,
und was meine Freunde mir geschrieben haben, war
eben diese Tatsache, daß die Partisanen in den ersten

drei Monaten, also praktisch bis zum Ende des Jahres 1944, ungefähr 30.000 Bürgerliche in Belgrad umgebracht haben, darunter viele Intellektuelle, die sie verdächtigt haben, eine andere Meinung zu haben oder eines Tages gefährlich werden zu können. Das war diese negative Auslese, die im Laufe der Jahrzehnte im Kommunismus stattgefunden hat und die jetzt eben Früchte trägt, ich meine negative Früchte, denn das alles, was dort jetzt tätig ist, ist höchstens die dritte Garnitur, das sind die miesesten provinziellen Halbintellektuellen, die jetzt die Macht haben. Nicht nur in Serbien, das ist ja vollkommen klar – abgesehen von Slowenien, in Slowenien ist eine ganz andere Situation. Aber in all diesen anderen Ländern gibt es keine einzige Persönlichkeit. Dies bringt mich zur Verzweiflung, weil man nicht weiß, wer dort das Richtige tun könnte und wer bereit ist, das Richtige zu tun. Und wenn es richtige Menschen gäbe, kämen sie gar nicht zu Wort in dieser Situation, wo nur die Schreier und diese kleine Kamarilla, diese kleinbürgerlichen Funktionäre, die noch übriggeblieben sind aus der Tito-Ära, jetzt das Sagen haben.

Gut, das ist die Perspektive von heute. Sie sagten ja, Sie seien schon in den fünfziger Jahren als Österreicher sozusagen wieder nach Jugoslawien gekommen. Wie waren denn damals Ihre Eindrücke von Jugoslawien? War das sehr fremd für Sie, oder haben Sie sich da daheim gefühlt?

Es war schon ein bißchen fremd für mich. Das waren genau zehn Jahre, und da kann man sagen – 1941 hat der Krieg angefangen, und ich war schon 1943 in Wien, ich habe studiert, ich war in Deutschland, ich war in Frankreich nach dem Krieg, ich bin da ein bißchen herumgereist und habe ganz andere Vorstellungen gehabt und andere Meinungen. Wir haben uns einander genähert, weil eben die alten Freunde diese Liberalisierungswelle initiiert und fortgeführt haben. Aber die sind dann alle später eliminiert worden.

Ich habe das schon nicht mehr als mein Land betrachtet, sondern als ein Land, mit dem ich befreundet bin, und da sind meine alten Schulfreunde und hoffentlich werden sie etwas Gutes tun und hoffentlich wird es ihnen gelingen – denn damals waren sie sehr stark gegen die Sowjets, das war der Erzfeind – vielleicht werden sie doch einen Weg finden, den Sozialismus menschlich zu machen. Das war der erste Versuch, lange vor den Tschechen und vor den Ungarn. Das hat dann Ungarn 1956 geholfen, als sie ihren Aufstand hatten, dieses Beispiel Jugoslawiens zu dieser Zeit. Das war immer hin- und hergegangen, weil sie zwischen der Idee eines menschlichen Sozialismus und eines Etatismus, also eines Staatskommunismus, der sich natürlich dann umgewandelt hat, geschwankt sind. Sie haben die sogenannte Selbstverwaltung eingeführt, die natürlich nicht funktioniert hat, weil die Funktionäre sie durchführen sollten und nicht die Menschen. Das konnte ja nicht funktionieren. Aber das war immer so, immer ein bißchen Höhenflug – immerhin haben sie die Grenzen dann geöffnet – das war ein guter Zug von Tito, da hat er die Arbeitslosigkeit abgeschafft. Die sollen halt hinausgehen und sollen sich Arbeit suchen, wo sie eine finden in Europa. Dieses Jugoslawien war nicht zu vergleichen mit den anderen Ländern des sogenannten realen Sozialismus. Da hat ein Freund als Witz gesagt: „Wir sind das Land des irrealen Sozialismus und nicht des realen", weil das immer so genannt wurde, aber nicht funktioniert hat. Wenn man es heute betrachtet, hat man diese Dezentralisierung durchgeführt, wo die einzelnen Fürsten schon angefangen haben, ihre großen Rollen zu spielen. Das hat nämlich diese große nationalistische Welle eingeleitet. Schon im Kommunismus. Das waren ja Nationalkommunisten, die waren zuerst Kroaten und dann Kommunisten, zuerst Serben und dann Kommunisten. Und so war das in allen Ländern. Merkwürdigerweise waren die einzigen, die so jugoslawisch gedacht haben, und zwar bis zuletzt, verbissen bis zuletzt, die Bosnier, weil sie gewußt haben, daß das für sie die einzige Rettung ist, weil sie nämlich diese drei großen nationalen Einheiten haben, die sie nicht unter einen Hut bringen können, es sei denn in einem größeren Rahmen, sei es ein Jugoslawien als Konföderation – das war der Vorschlag von Izetbegović und von den armen Mazedoniern, die genau darin die Rettung sehen, weil sie die nächsten sein werden, die zermalmt werden von allen Seiten. Und die haben dann noch so gesamtjugoslawisch gedacht. Oder die Kosovo-Albaner, die bis vor einem Jahr noch Titos Bilder herumgetragen haben bei den Demonstrationen, weil sie eben geglaubt haben, in einem größeren Rahmen werden sie mehr Freiheiten haben als in diesem kleinen Rahmen innerhalb Serbiens, was ja stimmt. Im größeren Rahmen haben sie ja mehr Freiheiten gehabt. Das ist eine Quadratur des Kreises, die da entstanden ist, die man jetzt, wo es schon beinahe zu spät ist, kaum noch mit politischen Mitteln lösen kann.

Nun haben Sie als Kenner der jugoslawischen Szene natürlich diese nationalistischen Tendenzen, die Sie gerade geschildert haben, deutlicher gesehen, als man es im Ausland gesehen hat. Also die Ereignisse des letzten Jahres sind ja doch für die Welt sehr überraschend gekommen, und es ist ja doch ein qualitativer Sprung von solchen nationalistischen Tendenzen dazu, daß man mit einer Brutalität und einem Fanatismus Krieg führt, den ja keiner für möglich gehalten hätte. Wie erklären Sie sich das? Wie erklären Sie sich, daß slawische Völker, die jahrzehntelang friedlich zusammengelebt haben, auf einmal einen Krieg führen wie im Mittelalter im Grunde?

Ja, das ist noch viel ärger als im Mittelalter. So wie im Dreißigjährigen Krieg – es ähnelt sehr dem Dreißigjährigen Krieg, weil die einzelnen Einheiten überhaupt nicht miteinander korrespondieren – die einzelnen Einheiten unter den Serben und den Kroaten. Jeder Kommandeur ist beinahe vollkommen selbständig und handelt auf eigene Faust. Und es gibt unzählige Marodeure oder Gruppen von Marodeuren, die wirklich auf eigene Rechnung die Leute plündern und umbringen. Das sind ganz gewöhnliche Räuber. Das ist kein Krieg, der dort geführt wird, auch diese Beschießung mit Mörsern von den Bergen da hinunter, das ist

ja völlig unverständlich und überhaupt nicht zu erklären, mit keiner Ideologie, es gibt ja keine noch so
fadenscheinigen Argumente, die das verteidigen könnten. Das ist eine Absurdität am Ende dieses Jahrhunderts.

Natürlich habe ich das schon früher gespürt – da
muß ich wirklich zugestehen, daß viele Intellektuelle,
darunter viele Schriftsteller, eigentlich diesen Nationalismus vorbereitet haben, nicht nur in Belgrad, sondern
auch in Zagreb. In Zagreb gab es 1970 eine national-
kommunistische Rebellion, die Tito unterdrückt hat und
dann in Belgrad, und alle haben sich beklagt, daß ihre
Rechte beschnitten seien. Das mag sein, aber es kann
alles nicht diesen Ausbruch erklären, diesen Ausbruch
an Haß und an diesen Animositäten, und ich kann mich
erinnern, wenn ich in Belgrad das Wort Kosovo oder
Albaner gesagt habe, haben die einen roten Kopf bekommen und haben sich wahnsinnig aufgeregt. Das ist
ein Heiligtum, dort sind unsere Tempel, die nationalen
Tempel, die Schlacht auf dem Amselfeld hat dort stattgefunden gegen die Türken, gegen die Eroberer usw.
Man hat überhaupt kein Verständnis gehabt für die Albaner, die dort wohnen. Natürlich haben sich viele Serben von dort zurückgezogen, hauptsächlich aus wirtschaftlichen Gründen, weil das ein sehr zurückgeblie-
benes Gebiet ist. Man hat versucht, mit Gewalt die Serben wieder zurückzutreiben, aber warum sollen sie dort
in einer so armseligen Gegend, die überbevölkert ist
und die hauptsächlich von der Landwirtschaft lebt, warum sollen sie dort leben? Und jetzt ist so eine Situa-

tion entstanden, in der die Fronten vollkommen erstarrt sind, nachdem die Serben die Autonomie, die jungen Datums ist, die erst 1974 offiziell proklamiert wurde – also das Kosovo-Gebiet hat eine Autonomie bekommen und die Wojwodina oben mit der ungarischen Minderheit – haben sie wieder aufgehoben und die Zeitungen verboten, den Rundfunk, das Fernsehen, die Schulen, Universitäten usw. Es geht mir nicht in den Kopf, wie sie sich das vorstellen. Sie müssen dann ewig ein Zwei-Millionen-Volk okkupiert halten. Sie müssen selbst wissen, daß das zu nichts führt. Die deutsche Okkupation hat in Serbien zu nichts geführt. Wenn die Albaner auch nicht rebellieren – ich muß ehrlich sagen, sie verhalten sich ziemlich ruhig. Nach einigen großen Demonstrationen im Jahr 1990 und 1991 verhalten sie sich ziemlich ruhig, aber sie leisten passiven Widerstand. Man kann die Leute nicht mit Bajonetten zwingen zu arbeiten. Und außerdem ist da eine ungeheuer hohe Arbeitslosenquote, und da findet sich überhaupt kein einziger vernünftiger Politiker, der eine gemeinsame Sprache mit den Albanern findet. Wir müssen doch da heraus. Ob, wir wollen oder nicht, man kann nicht zwei Millionen irgendwo anders hin verpflanzen oder umgekehrt. Ob sie wollen oder nicht, sie müssen ja zusammen wohnen und zusammenbleiben in den nächsten Jahrzehnten, und da müssen sie eine gemeinsame Sprache finden.

Es gibt in der westlichen Berichterstattung eine Tendenz, schon von Anfang an, seit diese Konflikte so ausgebrochen sind, die Serben als die eigentlichen Übel-

täter darzustellen und zum Beispiel die Kroaten als Freiheitskämpfer. Halten Sie diese Darstellung für gerecht?

Nicht ganz. Es ist ja offensichtlich, daß die Serben die Aggressoren sind, aber die Schuld tragen ja alle. Ich werfe Herrn Milošević vor, daß er durch seine Politik eigentlich die Schuld der anderen total verdeckt hat. Zuerst die Nichtanerkennung der Serben in der Krajina, also in Kroatien. Als Kroatien sich zum unabhängigen Staat erklärt hat, haben sie gesagt, das ist Kroatien. Aus. Und haben den Serben keine Autonomie gegeben. Aber Kroatien ist sehr für die Autonomie der Albaner eingetreten. Ich habe in Belgrad das in der Zeitung *Borba* gesagt, das war früher das Parteiorgan, das aber jetzt sehr kritisch und oppositionell ist, und die haben das expressis verbis gebracht. Ich habe gesagt, solange die Serben Kosovo-Albaner okkupieren, haben sie kein Recht, für die Rechte der Serben in Kroatien einzutreten. Und umgekehrt.

Die Schuld ist auf allen Seiten, aber natürlich haben bei dieser Eskalation die größten Verbrechen die serbischen Tschetniks begangen und damit verdeckt, daß rechtsextreme, paramilitärische Einheiten in Kroatien auch Greuel und Kriegsverbrechen begangen haben, weil das ganz einfach spektakulär ist und weil es alles andere überdeckt. Aber ich meine, momentan stehen sie als Aggressoren da, mit Recht. Man darf aber nicht vergessen, daß die andere Seite keineswegs demokratisch ist. Die Struktur des kroatischen Staates ist ja eher faschistisch. Das sage nicht ich, sondern das sagen die Oppositionsparteien in Kroatien – ich lese ihre Zeitungen. Bei den letzten Wahlen wurden zwanzig Prozent der Bevölkerung ausgeschaltet, weil sie keinen Heimatschein hatten. (…) Es entscheidet die ethnische Zugehörigkeit bei den Wahlen, aber nicht die Staatsbürgerschaft. Die sagen, einen Heimatschein muß man dauernd erbringen und nicht einen Staatsbürgerschaftsnachweis. Meine Religion, meine nationale Herkunft und meine poltische Anschauung gehen niemanden etwas an in einem demokratischen Staat. Der Westen ist auf dem rechten Auge blind.

Ich habe manchmal den Eindruck, daß dieses Reden von Mitteleuropa, daß da so Ressentiments hochkommen, die bis vor den Ersten Weltkrieg zurückreichen, wo man die Serben als ein unzivilisiertes Balkanvolk sieht und die katholischen Völker sozusagen als die Guten.

In allen diesen Auseinandersetzungen kommen natürlich solche finsteren, reaktionären Anschauungen zum Vorschein, nicht nur innerhalb der Landesteile, in denen das passiert, sondern auch im Ausland. Ich kriege Zuschriften, Briefe von manchen Leuten, die genau in diesem Sinne schreiben. Das sind ja Unmenschen, sagen sie, wie 1914, wo man schrieb: „Serbien muß sterbien". Das spielt schon eine Rolle dabei, aber natürlich ist die Haltung gegenüber Serbien etwas anderes geworden – ich meine, jetzt ändert sie sich ein bißchen durch den neuen Bundespräsidenten Restjugoslawiens, Ćosić, der zwar ein Patriot ist, aber kein fanatischer Nationalist. Und er versucht jetzt, zusammen mit diesem naiven Amerikaner Panić, der da gekommen ist, Korrekturen anzubringen. Ich weiß nicht, ob ihm das gelingen wird, weil diese paramilitärischen Einheiten, die schwer bewaffnet sind, ganz einfach selbständig handeln. Natürlich hatte man sie ideologisch vorbereitet, genauso wie die in Kroatien. Die haben schon ein selbständiges Herzeg-Bosna gegründet, einen kroatischen Staat. Vielleicht möchten sie am liebsten Bosnien unter sich aufteilen, die Serben und die Kroaten, und die ich weiß nicht wievielen Millionen Moslems wollen sie ganz einfach vertreiben oder ich weiß nicht, was sie mit denen tun wollen. Das ist nämlich eine Unmöglichkeit, ein Verbrechen und völlig unverständlich.

August 1992

WOJWODINA –
DAS VERLORENE PARADIES

Bevor ich in die Gegend fuhr, in der ich die ersten zehn Jahre meines Lebens verbracht habe, sah ich im Geiste immer wieder eine Reihe von Bildern, die keinen Zusammenhang, dafür aber eine dichte Atmosphäre ergaben, eine Stimmung von Ruhe, Gelassenheit und Zeitlosigkeit.

Was war jetzt, im Herbst des Jahres 1992 noch davon übriggeblieben, wo in der unmittelbaren Nähe ein völlig wahnwitziger, verbrecherischer Krieg zwischen verschiedenen Nationalitäten des ehemaligen Jugoslawien tobte? Hatte es überhaupt einen Sinn, hinzufahren?

Ich fuhr trotzdem hin.

Das ist die Geschichte einer Reise auf der Suche nach der eigenen Kindheit, die in einer großen, beinahe unendlichen Ebene verlorengegangen ist.

Irgendeinmal in Urzeiten schwammen über dieser weiten Ebene große und kleine Fische. Sie tummelten sich natürlich nicht in der Luft, wie auf einem Gemälde von Hieronymus Bosch, sondern im Pannonischen Meer, das sich mit der Zeit zurückzog und Platz machte für Erdpflanzen und Tiere. Viel, viel später kamen die Menschen hinzu. Nachweisbar gab es sie vor zwanzigtausend Jahren, also in der neueren Steinzeit in dieser Region. Zu Anfang des geschichtlichen Zeitalters lebten hier die Thraker, die Wandervölker Kimmerier und Skyten zogen hier vorbei und verschwanden im Nichts, dann kamen die Kelten, Römer sowie viele andere Völker. Im sechsten Jahrhundert unserer Zeitrechnung kamen die Slawen und gegen Ende des neunten die Ungarn hierher. Sie gründeten ihre Reiche auf der Balkanhalbinsel, die jedoch von den Türken überrannt wurden.

Die Türken wurden bekanntlich erst gegen Ende des 17. Jahrhunderts vor den Toren Wiens zum Stehen gebracht und zum Rückzug gezwungen. Weniger bekannt ist, daß die einst morastige Gegend der Wojwodina vor dreihundert Jahren von den Serben bewohnt wurde, die sich vor den Türken hierher gerettet hatten. Sie bekamen von den Österreichern das Land unter der Bedingung, die von der Donau und der Save gebildete Grenze zu verteidigen. Um ihre Loyalität ihrer Schutzmacht gegenüber unter Beweis zu stellen, kämpften sie auch außerhalb ihrer neuen Heimat, so in Italien und am Rhein, als es darum ging, im Erbfolgekrieg die Interessen des Hauses Habsburg zu verteidigen.

Meine Vorfahren haben noch bis Ende 1918 eine bestimmte Menge Salz und Petroleum kostenlos vom Staat bezogen. Das war noch ein Überbleibsel der Abmachung aus dem späten 17. Jahrhundert. Maria Theresia ließ hier Deutsche, vornehmlich Schwaben, Ungarn und später Slowaken und Ruthenen ansiedeln. Hinzu kamen die Rumänen, auf der Suche nach Land und Brot. So beherbergte diese Gegend ein wahres Völkergemisch, das auf engem Raum die Vielfalt der Monarchie geradezu symbolisierte. Das Flachland war die Kornkammer der k. u. k. Monarchie und später Jugoslawiens. Der Reichtum hat es den Bauern seinerzeit ermöglicht, ihre Söhne und Töchter nach Wien, Graz und Budapest auf die Universität zu schicken.

Die älteste serbische Kulturvereinigung Matica Srpska (auf deutsch Bienenkönigin) wurde zu Anfang des 19. Jahrhunderts von den in den Großstädten der Monarchie gebildeten Serben gegründet. Schon das altmodische, massive Gebäude der Matica Srpska im Stil der mitteleuropäischen Gründerzeit wirkt in einer stillen Gasse von Novi Sad, der Hauptstadt Wojwodinas, in der an den modernen Glas- und Betonpalästen der Verwaltung und des Handels der Großstadtverkehr vorbeibraust, wie eine Insel der Ruhe und der Besinnung. Den hellen Lesesaal im ersten Stock ziert eine Porträtgalerie der Gründer dieser Vereinigung – lauter würdige, ernst dreinblickende Herren Kaufleute in solider bürgerlicher Tracht des vorigen Jahrhunderts, hohe orthodoxe Geistliche in vollem Ornat und Offiziere im Sonntagsstaat der österreichischen Armee.

„Die Hauptaufgabe dieser literarischen Gesellschaft“, erzählte mir der heutige Leiter der Matica Srpska, der Schriftsteller Boško Petrović, „war eigentlich die Herausgabe einer Monatsschrift, die seit 1825 bis heute regelmäßig erscheint. Man kann ruhig sagen, sie sei die älteste literarische Zeitschrift der Welt, die noch immer da ist. Die Beziehungen der Matica zur deutschen oder österreichischen Literatur und Sprache waren damals selbstverständlich. Seit dem Ende des 18. Jahrhunderts bis zum Ersten Weltkrieg waren diese Beziehungen sehr eng. Alle unsere Leute sprachen deutsch als zweite Sprache. Heute ist das nicht mehr so, denn die Welt ist anders geworden. Heute spricht man hauptsächlich englisch, so daß alle anderen Sprachen irgendwie zweitrangig geworden sind. Das paßt mir nicht. Ich habe nicht viel übrig dafür. Aber es ist leider Gottes so."

Das multinationale Element dieser Gegend tritt auch im äußeren Erscheinungsbild in Novi Sad auf. Ein gerader Weg führt von den kulturellen und religiösen Stätten der Serben zur katholischen Kirche auf dem Hauptplatz und dann weiter zur jüdischen Synagoge, die zu den schönsten, wie durch ein Wunder noch erhaltenen Synagogen Europas gehört. Sie wurde 1909 im Jugendstil erbaut, der eher in den Randstädten der Monarchie wie Prag und Budapest anzutreffen ist als in Wien. Zur Zeit der Erbauung der Synagoge gab es in Novi Sad etwa 4.500 Juden. Im Krieg wurden zwei Drittel von ihnen deportiert, heute gibt es nur dreihundert Mitglieder der jüdischen Gemeinde, so daß in der Synagoge keine Gottesdienste, sondern nur mehr Konzerte abgehalten werden.

Der Donaustrang in Novi Sad, den auch die Serben Strand nennen, spielt eine verhängnisvolle Rolle in der Geschichte der Juden dieser Stadt. Hier wurden im Januar 1942 über tausend Juden, darunter Frauen und Kinder, erschossen und durch Löcher im Eis in die Donau geworfen. Der Schriftsteller Aleksandar Tišma hat über diese dunkle Zeit mehrere Bücher geschrieben. Auf meine Frage hin, ob es in der Wojwodina zu blutigen Auseinandersetzungen zwischen verschiedenen

Nationalitäten kommen könnte wie in Bosnien, sagte er:

„Wir haben keine Illusionen, daß wir einen Krieg hier unmöglich machen können, weil die Leute besonders auf dem Balkan mehr zum Kampf neigen als zum Frieden. Leider ist das so. Man findet mehr Anhänger, wenn man gegen andere Nationen hetzt, als wenn man für den Frieden eintritt."

Tišma gehört dem neu gegründeten Komitee für Frieden und Toleranz an.

„Wir haben dieses Komitee gegründet, damit man wenigstens weiß, was hier geschieht. Wenn irgendwo in der Wojwodina ein Konflikt ausbricht, setzen wir uns zusammen und schreiben darüber, um die Öffentlichkeit zu informieren. Das ist alles, was wir tun können."

In Djurdjevo bei Novi Sad, in dem mein Vater als Arzt tätig war, habe ich sieben Jahre meines Lebens verbracht und die ersten drei Klassen in der noch aus der k. u. k. Zeit stammenden Volksschule absolviert.

Ich weiß nicht, ob meine Kindheit glücklich war oder nicht. Mir ist das meiste verlorengegangen, was man mir beizubringen versucht hat. Ich kann nicht erklären, was mich dazu bewogen hat, den ganzen nationalen Mumpitz, den man mir damals aufgetischt hat, nur zum Schein zu akzeptieren – ich glaubte ja nicht daran.

Es wäre vermessen, zu behaupten, ich sei ein kluges Kind gewesen, ich hatte aber schon sehr früh das Gefühl, in der mir aufgezwungenen Umgebung fremd zu sein. Ich ließ alles über mich ergehen und wartete geduldig auf eine günstige Gelegenheit, aus dem mir zugewiesenen Raum auszubrechen. Am liebsten spielte ich mit den zwei Töchtern des ruthenischen Priesters.

Wenn man kreuz und quer durch die Wojwodina reist, gewinnt man den Eindruck, daß sie aus lauter kleineren und größeren Inseln besteht, die über das Pannonische Meer verstreut sind. Nach dem Zerfall des kommunistischen Systems beginnen viele Menschen davon zu träumen, einen Salasch, auf deutsch Meierhof, inmitten der fruchtbaren Wüste zu besitzen.

Der Besitzer einer dieser kleinen Inseln erklärte mir begeistert, wie sehr er die Landwirtschaft liebe. Alles was er habe, genieße er. Er sei aber nicht damit einverstanden, daß man die Landwirtschaft so vernachlässige und daß eine Flasche Bier weitaus mehr koste als ein Liter Milch. Das passe nicht zusammen. Es gebe niemanden, der die Bauern vertrete.

Von der Nostalgie nach früheren Zeiten angeregt, suchte ich die letzte Fähre bei Batschko Petrovo Selo auf, wie es sie in meiner Kindheit überall entlang der Theiß gegeben hatte, und auf denen man von der Batschka mit Wagen und Pferden oder Autos in das Banat übersetzen konnte. Ich schwamm einst, im Autobus sitzend, hinüber zu meinen Großeltern, die in Groß-Betschkerek, heute Zrenjanin, lebten.

Die Passagiere auf dieser Fähre sprachen ungarisch miteinander. Der Klang ihrer Rede war mir seit meiner Kindheit vertraut. Ich konnte mir nicht vorstellen, daß es in der Wojwodina Menschen gab, die den Ungarn, die schon seit langem hier lebten, ihre nationale

Daseinsberechtigung absprachen. Man hätte sich bis vor kurzem auch nicht vorstellen können, daß der wild gewordene, mordlustige Nationalismus in Bosnien und der Herzegowina, wo die Serben, Kroaten und Muselmanen seit Jahrhunderten friedlich nebeneinander gelebt hatten, ein solches Blutbad anrichten würde.

Ich genoß die große Ruhe, die hier noch herrschte und in der man nur die regelmäßigen Geräusche der beiden Fischer hörte. Sie schlugen mit einem hohlen Holzstück aufs Wasser, um die Welse, die träge auf dem Flußgrund lagen, aufzuscheuchen und nach dem Köder schnappen zu lassen.

Die Erbauer der Stadt Kikinda, die nordöstlich dicht an der rumänischen Grenze liegt, sind sehr großzügig mit dem Raum umgegangen, als wollten sie durch Augenschein beweisen, daß man hier damit nicht zu sparen brauche. Die breiten Straßen der Wojwodina sind hier noch breiter und die weitläufigen, von Bäumen umzäunten Plätze noch weitläufiger.

Kikinda wurde 1774 von Maria Theresia zur freien Stadt erhoben. Von dort stammte meine Großmutter väterlicherseits. Ihr Großvater wurde 1848 auf dem Hauptplatz mit neun anderen serbischen Bürgern von den aufständischen Ungarn gehängt, weil sie dem Kaiser in Wien die Treue erklärt hatten. Der Henker war ein Serbe.

Die Kenner behaupten, das Banat sei ganz anders als die übrigen Teile der Wojwodina, die Landschaft und die Menschen seien melancholischer als in der Batschka. Diese Melancholie, die oft ohne Übergang und scheinbar grundlos in eine überschäumende Freude am Dasein übergeht, ist nur der Ausdruck ein und derselben Grundstimmung. Das Banater Kolo ist der schnellste und ausgelassenste Reigentanz der Südslawen, zugleich kann man nirgends so abgrundtief traurig sein wie hier.

Am Samstag, an dem ich in Kikinda war, wurden zwölf Hochzeiten angemeldet, jede halbe Stunde eine andere. Der Standesbeamte im altehrwürdigen Rathaus meinte, die jungen Leute beeilten sich zu heiraten, bevor eine Katastrophe ausbreche. Der Krieg in Kroatien und Bosnien sowie das verhängte Embargo über Serbien warfen ihre Schatten auf diesen ruhigen Winkel der Wojwodina. Alles war da, die Brautleute, die Trauzeugen und die Gäste, die geschmückten Fiaker, der an eine Fahne an den Füßen aufgehängte, lebende Hahn, zum Zeichen dafür, daß die Braut noch eine Jungfrau sei, die Harmonikaspieler, der Wein und der Sliwowitz – und doch schienen diese Hochzeiten, die sich miteinander vermischten, so daß niemand mehr wußte, wer auf welcher Hochzeit tanzte, an einer krampfhaften Lustigkeit zu leiden, die Angst und Trauer zu verdrängen versuchte.

Der Bildhauer und Besitzer einer Galerie auf dem Hauptplatz, Slobodan Kojić, erklärte mir, warum er sich politisch engagiere. „Uns stehen bald Neuwahlen bevor", sagte er. „Und ich freue mich darauf, weil ich hoffe, daß unser Volk sich diesmal nicht so manipulieren lassen wird wie vor zwei Jahren, als es beinahe geschlossen für die regierende Partei gestimmt hat. Das

Volk wird endlich begreifen, daß sie nichts von ihren Versprechungen erfüllt hat. Sie hat sogar mit ihrer Politik dieses Land an den Rand des Ruins gebracht. Sie haben alles vernichtet, was sie vernichten konnten. Es ist unglaublich, wie ihnen diese Vernichtung von der Hand gegangen ist."

Davon, was in dieser reichen Gegend alles vernichtet wurde, zeugen sehr beredt die leeren Hallen der großen Gießerei Kikindas, in der Autoteile für das Opel-Werk in Rüsselsheim erzeugt wurden. Von den 5500 wurden 5000 Arbeiter entlassen. Die Regierung gibt dem Ausland die Schuld, das Serbien aus irgendwelchen metaphysischen Gründen angeblich hasse, doch die Menschen beginnen zwangsläufig, sich Fragen zu stellen. Die Spinde in der Fabrik sind abgeschlossen und mit Schlössern versehen, in der Hoffnung, daß man sie bald wieder benützen würde. Aber wer soll den Menschen hier wieder Arbeit und ein halbwegs normales Leben sichern?

Obwohl vieles nicht mehr so ging wie früher, die Geschäfte stagnierten und das Geld kaum mehr wert war als das Papier, auf dem es gedruckt wurde, feierte man in Vršac (deutsch Wertschetz) wie alle Jahre das Weinfest.

Aus allen Teilen der Wojwodina kamen Tanz- und Musikgruppen, um ihre Zusammengehörigkeit zu manifestieren. Am besten gefiel mir eine Gruppe aus einem ungarischen Dorf, die vor ihrem Auftritt im Hof des Theaters ganz spontan zu singen und zu tanzen begann und mich durch ihre natürliche und temperamentvolle

95

Darbietung die Tristesse dieses geschichtlichen Augenblicks vergessen ließ.

Ich gewann den Eindruck, daß die Menschen in der Wojwodina so lebten, als gebe es in ihrer unmittelbaren Nähe keinen Krieg. Sie wollten ihn offenbar nicht zur Kenntnis nehmen. Es war nicht ihr Krieg.

In Zrenjanin, einst Groß-Betschkerek, lebten meine Großeltern. Ich wohnte bei ihnen, als ich die vierte Volksschulklasse besuchte und verbrachte später oft die Oster- oder Sommerferien bei ihnen, in einer Straße mit unzähligen Akazien. Jetzt gab es dort keine Akazien mehr, und im Haus meiner Großeltern wohnen andere Leute. Und auf dem Korso, auf dem ich mit meinem Freund Ivan Ivanji flanierte, der schon längst sein Domizil gewechselt hatte, begegnete ich keinem Menschen, den ich grüßen könnte.

„Ja, es ist eigentlich zum Heulen, wenn man als älterer Herr an den Ort der eigenen Kindheit zurückkommt", sagte er. „Was mir besonders schwerfällt ist, daß ich, als wir zur Schule gingen, niemanden kannte, der nicht sowohl deutsch als auch ungarisch und natürlich serbisch konnte. Wir haben durcheinander geredet, ohne auf Grund der Sprache oder des Nachnamens oder der Religion zu wissen, welchem Volk wir angehörten. Das war uns vollkommen wurscht. Dann kam die Hitler-Zeit und die Besatzung, dann haben die Deutschen die Juden, die alle deutsch sprachen, vernichtet. Dann sind wir gekommen – ich war ja damals im KZ, aber sagen wir, in meinem Namen sind sie gekommen, und als Rache für meine Eltern haben sie die

Deutschen vernichtet. Die Ungarn sind zum größten Teil über die Theiß gezogen. Kolonisten aus Bosnien und Montenegro sind hergekommen, auch ich kenne jetzt hier fast niemanden."

Unweigerlich kam unser Gespräch auf die augenblickliche Situation in der Wojwodina, die vom Krieg und von den grauenhaften nationalen Auseinandersetzungen verschont geblieben zu sein schien.

„Es besteht hier eine Gefahr, die noch nicht gesehen wird", sagte Ivan Ivanji. „Serbien versucht jetzt, hier Serben anzusiedeln, die aus Bosnien und Kroatien vertrieben sind. Die haben eine ganz andere Mentalität. Unter diesen vielen armen Menschen gibt es Verbitterte, und es gibt auch Verbrecher, und in dem einen oder anderen Ort haben diese Leute Häuser mit Gewalt eingenommen, sind aber wieder rausgeschmissen worden. Also ein Samen des Übels kommt auf uns zu, aber diese Erde wird das Unkraut nicht lange tragen."

Auf einer Landstraße kündigt ein Wegweiser überraschend das Ende der Welt an. Dieses Ende der Welt entpuppte sich als eine Fischerkneipe, deren Besitzer eine selten gute Fischsuppe kocht, für die er vor ein paar Jahren in Wien sogar einen Preis eingeheimst hat. Seine Gäste, die Fischer, der Feldhüter sowie einige Besucher aus der Stadt genießen die Abgeschnittenheit in diesem stillen Winkel am Ufer eines Donauarms.

Aber wie lange noch wird die Wojwodina dem tödlichen Virus des Nationalismus widerstehen können?

September 1992

DER GEFANGENE IN TITOS REGIERUNGSPALAST

Das Regierungsviertel des Tito-Jugoslawien wurde auf dem linken, sandigen Ufer der Savemündung gegenüber von Belgrad gebaut. Ich kann mich noch erinnern, wie man vor dreißig Jahren munkelte, dieses Neu-Belgrad sei auf Sand gebaut und werde eines Tages zusammenfallen. Doch die Glaspaläste stehen nach dem Zerfall des Staates, zu dessen Ruhm sie in einem Allerweltsstil errichtet worden waren, noch immer da, aber vollkommen leer. Im Haus des ehemaligen Zentralkomitees werden Büros zu annehmbaren Preisen angeboten, auch den Oppositionsparteien, die jedoch lieber eine vergammelte Wohnung in der Stadt vorziehen, in der Nähe des serbischen Parlaments, dem eigentlichen Zentrum der Macht.

Seit einigen Wochen sitzt im ersten Stock des gespenstisch leeren Regierungsgebäudes ein Mann, den man überredet hatte, das Amt des Präsidenten der neu gegründeten föderativen Republik Jugoslawien zu übernehmen, die nur mehr aus Serbien und Montenegro besteht: Es ist der einundsiebzigjährige Romancier Dobrica Ćosić. Jetzt hat er seinen Schreibtisch mit dem Präsidententisch vertauscht. An dem sitzt er und denkt nach, während ringsherum frischfröhlich gemordet wird.

Ich weiß nicht, ob er das Absurde der Situation seines Landes so empfand wie ich an diesem heißen

Augusttag, an dem ich aus Novi Sad, wo ich einen Film über die Landschaft meiner Kindheit vorbereiten sollte, einen kurzen Ausflug nach Belgrad gemacht hatte. Ich war mit Milovan Vitezović zum Mittagessen verabredet, der einst ein hellwacher, scharfer Satiriker gewesen war. Später war er zum Fernsehen gegangen, wo er es nun, knapp unter fünfzig, zum Leiter des künstlerischen Programms gebracht hatte. Aber das hatte ihm offenbar nicht genügt, er wurde auch Abgeordneter der sozialistischen Partei von Slobodan Milošević im neuen, von den Oppositionspartein boykottierten jugoslawischen Parlament, obwohl ich ihn davor gewarnt hatte.

Wir saßen im Garten des Restaurants *Madera,* aßen eine üppig zusammengestellte Fleischplatte vom Rost mit verschiedenen Salaten und tranken dazu einen Roséwein. Wir sprachen über Literatur und Fernsehfilme und taten so, als gebe es keinen Krieg in unmittelbarer Nähe, wie unheilbar Krebskranke, die wissen, daß sie sterben müssen, es aber nicht wahrhaben wollen. Ich hatte den Eindruck, daß ganz Belgrad eine kranke Stadt sei. Man wußte gut, daß dieser Krieg völlig sinnlos, schmutzig und verbrecherisch sei, davon zeugten hunderttausende Deserteure, die ins Ausland geflüchtet waren oder sich bei Verwandten oder Bekannten versteckten, aber niemand war imstande zu sagen, wie dieser Wahnsinn beendet werden sollte und wer das zustandebringen könnte. Arkan, ein ehemaliger bezahlter Killer des Geheimdienstes und einer der Bosse der Belgrader Unterwelt, der eine durch ihre

Greueltaten berühmte Truppe in schwarzen SS-Uniformen in Bosnien befehligt, kam unlängst nach Belgrad und gab eine Pressekonferenz, doch niemand ließ ihn verhaften. Daß es auf der anderen Seite mit den betont faschistischen Einheiten Kroatiens nicht anders bestellt war, konnte mir kein Trost sein. Ich sagte das meinem Gesprächspartner, aber er sah mich nur stumm an. Dann ging Vitezović und kam mit der Nachricht zurück, Präsident Ćosić möchte mich gern sehen und erwarte uns um siebzehn Uhr. Wir beendeten unser spätes Mittagsmahl, fuhren durch das Gewühl der Großstadt, in der die Menschen irgendwie abwesend wirkten, obwohl sie scheinbar ganz normal ihrer Wege gingen, passierten die Brücke über die Save und gerieten plötzlich in eine totale Leere. Vor dem Regierungsgebäude gab es keine Autos, wir waren die einzigen, die davor parkten. Ich dachte zuerst, wir hätten uns geirrt und den Hintereingang erwischt, aber wir standen doch vor dem Haupteingang. Die Szenerie erinnerte mich an die frühen Gemälde von Giorgio De Chirico, auf denen vollkommen leere Städte zu sehen waren. Wir gingen durch lange Korridore, ohne einer Menschenseele zu begegnen, bis wir endlich eine breite Treppe mit rotem Teppich erreichten, an deren Fuß uns ein einsamer Mann hinaufwies. Oben stand ein anderer Mann und ein dritter im großen Vorzimmer; an einem Schreibtisch saß eine Sekretärin, die den Anschein erweckte, als habe sie tatsächlich etwas zu tun. Noch nie war mir das Abstrakte der Macht so bewußt geworden wie in diesem Augenblick.

100

Dann ging die große Tür auf und Dobrica Ćosić kam heraus, begrüßte uns herzlich und bat uns hinein. Wir hatten kaum das große Zimmer betreten, als er auf den Stuhl hinter dem wuchtigen Schreibtisch wies, von dem aus Tito einst regiert hatte und an dem er sich offenbar nicht wohl fühlte. Er sagte es nicht ausdrücklich, doch seine Miene und seine Haltung verrieten seine Gefühle. Er führte uns in den angrenzenden Saal mit einem riesigen runden Tisch voller Mikrophone, um den Tito seine Funktionäre und Generale postiert und ihnen seine Instruktionen erteilt hatte. Jetzt gab es keine Befehlsempfänger, die auf einen Wink des Präsidenten warteten.

Als wir schließlich auf einer Sitzgarnitur in seinem Zimmer Platz nahmen und einen Williams-Birn von dem Kellner in weißer Weste kredenzt bekamen, sagte Ćosić, er hätte nie daran gedacht, diesen Platz da einzunehmen, er komme sich aber vor wie ein Feuerwehrmann, den man gerufen habe, einen Brand zu löschen, und das könne er nicht ablehnen. Wie sollte er aber den Brand löschen, fragte ich mich, wo seine Feuerwehrtrupps aus lauter Brandstiftern bestanden? Ich sagte ihm nur, daß ich um kein Geld der Welt mit ihm tauschen möchte und er erzählte, Vaclav Havel habe es leichter, weil ihn die Widerstandsbewegung an die Macht gebracht habe, als wolle er sich dafür entschuldigen, daß ihn das von Milošević beherrschte Parlament zum Präsidenten gewählt habe. Was konnte schon in der Stunde der Not ein Präsident ohne Portefeuille bewirken? Da begriff ich, warum er sich so für Neuwahlen einsetzte, die im November stattfinden sollten. Er brauchte unbedingt eine echte Legitimation und eine breite Unterstützung, um wirklich agieren zu können.

So verpuffte mein naiver Ratschlag, es De Gaulle gleichzutun, der den für sein eigenes Volk ruinösen Krieg in Algerien abrupt beendet hatte, ins Leere. Er beschäftige sich sehr mit dem Leben und Werk von Nikola Pašić, dem großen serbischen Politiker am Anfang unseres Jahrhunderts. Er, Ćosić, habe vorgeschlagen, internationale Militärkontrollen an den Grenzen zu Bosnien zu errichten, um zu verhindern, daß Soldaten, Waffen und Munition ins Kriegsgebiet geschickt werden könnten, doch weder Ausland noch Inland hätten seinen Vorschlag bisher ernsthaft in Erwägung gezogen.

Ćosić sagte es nicht, er schien aber sichtlich enttäuscht darüber, daß man ihn nirgends für voll nahm. Dieses Schicksal teilte er mit dem neuen jugoslawischen Kanzler Panić, den man in alle Welt fliegen läßt, ohne irgendwelche Konsequenzen aus seinen zuweilen ausgefallenen, meistens aber durchaus vernünftigen Vorschlägen zu ziehen. Deshalb war Ćosić erleichtert, als unser Gespräch endlich auf die Literatur kam, wo wir uns beide eher zu Hause fühlten. Er fragte mich, ob ich mit den slowenischen Kollegen Kontakt pflege und ich erzählte ihm von einer Einladung des slowenischen PEN-Clubs zu einer Tagung in Bled, die im Mai unter dem bedeutungsschwangeren Titel *Das Schwert und die Feder* stattgefunden hatte. Die Einladung war in englischer Sprache verfaßt und als Tagungssprachen wurden außer Englisch noch Französisch und Slowenisch angegeben. Da ich mich jedoch mit den Slowenen nur in einer der Sprachen ihrer ehemaligen oder jetzigen Feinde, das heißt deutsch oder serbisch verständigen könne, erzählte ich Ćosić, sei ich gar nicht hingefahren. Dobrica Ćosić schüttelte lächelnd den Kopf über die Sturheit der slowenischen Kollegen, die nicht einmal bereit seien, mit ihren intellektuellen Gästen in deutscher Sprache zu kommunizieren, obwohl sie bei jeder passenden und unpassenden Gelegenheit ihre Zugehörigkeit zu Mitteleuropa betonten.

Da es sich um einen Höflichkeitsbesuch handelte, lobten wir ein bißchen einander, ließen alle Kollegen leben und trennten uns als Freunde, nachdem ein Sekretär das baldige Eintreffen des ehemaligen Radrennfahrers und jetzigen Medikamentenproduzenten und Kanzlers der jugoslawischen Regierung Milan Panić angekündigt hatte, mit dem Ćosić eine gemeinsame Reise zur Friedenskonferenz in London besprechen sollte.

Als wir das weitläufige Gebäude verließen, war der Parkplatz davor noch immer vollkommen leer. Und oben in Titos ehemaligem Arbeitszimmer saß Dobrica Ćosić als Gefangener von unsichtbaren Mächten, die den öden, verlassenen Regierungspalast beherrschten.

Am nächsten Tag kaufte ich in Novi Sad eine Zeitung, in der gerade die letzte Fortsetzung von Ćosićs politischen Schriften erschien, die er zwischen Mai 1988 und März 1992 geschrieben hatte. Der Titel seiner letzten Aufzeichnung lautete *Der gleiche schicksal-*

hafte Kreuzweg. Als ich sie las, begriff ich, daß Ćosić vor allem der Gefangene seiner eigenen Gedankenwelt ist. Nachdem er sowohl die regierende sozialistische Partei als auch die oppositionellen Parteien mit Recht der falschen Politik bezichtigte, wendete er sich der Analyse der Situation zu, die er folgendermaßen beschrieb:

„Alle Zerstörer Jugoslawiens, die Besatzer und Feinde des serbischen Volks aus dem Zweiten Weltkrieg, sind wieder einig, im Pakt und in gemeinsamer Front, über das gleiche Ziel. Auch unsere heutigen inneren politischen Teilungen und Spaltungen sind identisch mit den Teilungen und Spaltungen im Frühjahr 1941. Es handelt sich um den gleichen schicksalhaften Kreuzweg, aber, vielleicht mit weniger Gründen zur Hoffnung auf den Sieg der Freiheit, des Rechts und der Gerechtigkeit. Das Neue dabei ist, daß sich an der Seite unserer alten Feinde unsere alten Verbündeten befinden – Großbritannien, Frankreich, Rußland und Amerika. Sie brauchen uns nicht mehr. Wir stören sie. Wir beunruhigen sie durch unseren Willen, unsere nationalen Rechte zu verteidigen und unsere Selbständigkeit zu bewahren. Es stört sie gerade das, was sie im Ersten und Zweiten Weltkrieg an uns geschätzt und gerühmt haben."

Ich war verwirrt von diesen nationalistischen Tönen, die ich von dem ruhigen und besonnen wirkenden Mann, dem ich am Tag zuvor in Belgrad begegnet war, nicht erwartet hatte. Serbien gegen den Rest der Welt ist vielleicht, wenn auch eine schlechte Losung, aber auf gar keinen Fall eine Lösung. Ćosić hatte das vor einem halben Jahr geschrieben, vielleicht hatte er seither seine Meinung revidiert, versuchte ich mich zu trösten. Er hatte immerhin den dilettierenden Politiker Milan Panić geholt, der mehr Sinn für die Realität zu haben scheint als viele Realpolitiker. Er tritt für die Anerkennung der bestehenden Grenzen im zerfallenden Jugoslawien ein sowie ganz entschieden gegen die „ethnischen Säuberungen" in Bosnien und für einen Dialog mit den Kosovo-Albanern, die Ćosić unlängst in einem Spiegel-Interview als eine nicht „staatstragende Minderheit" bezeichnet hat.

Panić agiert offenbar im Einvernehmen mit Ćosić, der sich hinter ihn stellte, als Milošević ihn durch ein Mißtrauensvotum stürzen wollte. Panić redet und Ćosić schweigt. Wann wird er endlich Dinge beim Namen nennen, über die er die ganze Zeit in Titos leerem Arbeitszimmer nachdenkt? Erst nach den Wahlen im November? Indessen geht das Morden weiter.

September 1992

PSYCHIATER FÜR PSYCHOPATHEN
SPIELEN

Gespräch mit Harald Klauhs und Robert Schindel

Harald Klauhs: Sind Sie der Ansicht, daß ein internationaler Gerichtshof über die Kriegsverbrechen im ehemaligen Jugoslawien urteilen sollte?

Milo Dor: Na sicher, es gibt zwar Gerichte, sowohl in Serbien als auch in Kroatien, aber die drücken ein Auge zu, beide Seiten. Ich habe genug davon, daß die Serben über die Kroaten schimpfen und die Kroaten über die Serben. Es sollte jeder von seiner eigenen Schande sprechen, die eigene Schuld eingestehen.

Klauhs: Wie sehen Sie die Kritik an der sogenannten österreichischen und deutschen Anerkennungspolitik?

Dor: Ich finde die Politik des österreichischen und des deutschen Außenministers ungeschickt und nicht differenziert genug. Man hätte beim Ausbruch der Konflikte, die zuerst verbal waren, in einem beruhigenden Sinne eingreifen sollen, man hätte auf dem Dialog beharren müssen. Man hätte mit mehr Fingerspitzengefühl und mehr Kenntnis der lokalen Gegebenheiten agieren sollen. So hat man Öl ins Feuer gegossen.

Dagegen hätte man Bosnien früher anerkennen und die Parteien dazu zwingen sollen, miteinander zu verhandeln. Wie Karadzić in einem Interview mit einer Belgrader Zeitung sagte, hätten Vance und Owen ein leichtes Spiel mit uns, aber wir alle sind nicht normal. Man hätte also bei der Außenpolitik Deutschlands und Österreichs berücksichtigen müssen, daß man nicht mit normalen Leuten reden, sondern Psychiater für Psychopathen spielen muß.

Klauhs: Aber es gibt doch auch eine Opposition.

Dor: Die Jugend hat gegen das Regime votiert, es gibt über 100.000 Deserteure, die nicht vor Gericht gestellt werden können, weil es so viele sind. Die demokratische Partei hat sogar vorgeschlagen, daß diese Menschen amnestiert werden. Die anderen waren dagegen, weil so viele gefallen sind im Krieg, man sagt aber nicht, in welchem Krieg. Jeder redet von Verteidigungskrieg und führt einen offensiven Eroberungskrieg.

Klauhs: Aber Tudjmann wurde doch demokratisch wiedergewählt?

Dor: Ja, weil er davon lebt: solange Milošević da ist, wird Tudjmann wieder gewählt. Beide, Kroatien und Serbien, sind keine demokratischen Staaten. Man kann von einem faschistoiden Staat sprechen in Kroatien und einem nationalsozialistisch gefärbten Land in Serbien.

Klauhs: Wie, glauben Sie, müßte in der gegebenen Situation eine österreichische beziehungsweise eine europäische Politik ausschauen?

Dor: Sie müßte mit der Opposition rechnen, sie müßte zum Beispiel Milan Panić, der am Anfang eine lächerliche Figur war, stark unterstützen, weil er der einzige ist, der die Opposition vereinigen kann. Man muß die Demokraten unterstützen.

Klauhs: Sie halten also einen militärischen Einsatz nicht für sinnvoll?

Dor: Was ich davon halte, weiß ich nicht, aber die Militärs sind dagegen, weil sie das ganze realistischer betrachten als die Politiker. Auch Milošević weiß, daß es in diesem Krieg weder Sieger noch Besiegte, sondern nur Besiegte geben wird. Die Nationalisten führen ihre Völker in den Selbstmord so wie Hitler. Ein echter Patriot überlegt ja, was er tun soll im Interesse seines Volkes. Aber auch in Kroatien gibt es Kräfte, die vernünftig denken, und die müßte man unterstützen.

Schindel: Durch die Anerkennung von Bosnien-Herzegowina ist es ja eigentlich zum Bürgerkrieg gekommen. Da haben sie dann versucht, mit der Kantonalisierung ihre Stücke herauszureißen. Hätte man das nicht anerkannt und Makedonien nicht anerkannt und diese Länder unter internationalem Druck gezwungen, daß diese Parteien eine Verfassung aushandeln, dann hätte es vielleicht keinen Bürgerkrieg gegeben?

Dor: Bosnien ist unmöglich zu teilen, die Kantonisierung ist nicht möglich. Der brutale Versuch, das mit ethnischen Säuberungen zu machen, ist ein internationales Verbrechen.

Schindel: Ist der Bestand Bosnien-Herzegowinas, das nie ein eigener Staat war, die vielen Toten wert?

Dor: Die einzige Lösung wäre gewesen, Bosnien als demokratischen Staat anzuerkennen. Durch die rasche Teilung haben die westlichen Staaten eigentlich den Krieg in Bosnien mit verursacht. Nach diesen vielen

108

Verbrechen, die dort begangen worden sind, ist der Friede dort auf Jahrzehnte nicht mehr möglich.

Klauhs: Und wie sieht jetzt die Situation für den Kosovo aus?

Dor: Die Albaner verhalten sich ruhig. Was ich von den Serben erwarte, ist das Eingeständnis ihrer eigenen Schuld. Für mich sind die bürgerlichen Freiheiten und die Menschenrechte viel wichtiger als die Frage der Grenzen. Es geht um den Inhalt dieser Staaten und es wäre die Aufgabe der westlichen Mächte gewesen, ihnen die Idee von einem Inhalt zu geben.

Oktober 1992

EIN FREMDER UNTER LAUTER AUSLÄNDERN

Die europaweite Explosion des Nationalsozialismus, der von jedem Bewohner unseres alten Kontinents verlangt, sich zu dieser oder jener Nation zu bekennen, hat mich gezwungen, in den nationalen Ursprüngen meiner Vorfahren herumzustochern. Meine Urväter hielten sich für Serben, weil sie zusammen mit anderen Menschen, die sich für Serben hielten, vor dreihundert Jahren vor den Türken nach Österreich geflüchtet waren. Damit wurden sie Österreicher. Mein Großvater mütterlicherseits heiratete eine Griechin. Vielleicht erinnerte sie ihn an die alte Heimat im Süden, aus der seine Vorfahren vertrieben worden waren. Sie sprachen deutsch miteinander.

Als ich jedoch noch weiter zurückging, mußte ich feststellen, daß die Urväter meiner Urväter eigentlich Thraker waren, ein Volk, das einst auf der ganzen Balkanhalbinsel und darüber hinaus gelebt hatte und dann plötzlich oder allmählich von der Bildfläche verschwunden war. Dafür, daß ein Volk sich nicht einfach in Luft auflösen kann, bin ich ein lebendes Beispiel. Je intensiver ich darüber nachdenke, desto stärker fühle ich mich als Thraker, besonders seitdem ich eine Ausstellung thrakischer Kunstgegenstände gesehen habe.

Den größten Eindruck hat auf mich ein Wagen aus Gold hinterlassen. Er war in seinen harmonischen Proportionen ganz einfach schön. Oben war er mit Seiten-

110

und Querstangen versehen, an denen man vielleicht bunte Tücher aufgehängt hatte, grüne für die Geburt, rote für die Hochzeit und schwarze für den Tod. Vielleicht hatte das ganze thrakische Volk auf diesem kleinen, von einem Meister aus Gold geschmiedeten Wagen Platz gefunden, auf der Flucht vor den Barbaren, die nach ihm kamen. Nur ich bin übriggeblieben als Zeuge der Vergänglichkeit allen menschlichen Daseins.

Da die toten Angehörigen meines Volkes von mir nicht verlangen, dieser oder jener Fahne die Treue zu schwören und dabei eine läppische Hymne zu krächzen, fühle ich mich ganz wohl. Ich bin ein Fremder unter lauter Ausländern, die schon tot sind, nur wissen sie es noch nicht.

Januar 1993

WENIG HOFFNUNG

Wut und Trauer befallen mich beim Anblick der Fernsehnachrichten, die uns mehrmals täglich aus Bosnien und der Herzegowina erreichen, durch die schnell sprechenden Reporter, die, mit kugelsicheren Westen bekleidet, Atemlosigkeit und Dramatik der vordersten Frontlinie mimen – Trauer über die vielen sinnlosen Opfer einer nebulosen Sache, die man mit dem Wort Nationalismus nicht hinreichend umreißen kann, und Wut über das totale Versagen der Intellektuellen in allen Lagern, die durch ihr Schweigen den Mördern freie Hand lassen oder gar durch ihr verbales Mittun das ideologische Rüstzeug für die Massaker an Frauen und Kindern liefern.

Ein typisches Beispiel für die pseudointellektuellen Handlanger der Kriegsverbrecher ist der Schriftsteller Gojko Djogo, der vor einigen Jahren wegen eines Gedichtbandes im nachtitoistischen Jugoslawien vor Gericht gestellt und verurteilt wurde, weil er angeblich den verstorbenen Schöpfer der Sozialistischen Föderativen Republik verunglimpft habe. Eine Protestwelle der Schriftsteller, die sich gegen den sogenannten Verbalparagraphen richtete, der zum Verbot des Buchs und zur Verurteilung des Autors gedient hatte, rettete Djogo vor dem Absitzen der, soweit ich mich erinnern kann, einjährigen Gefängnisstrafe. Da dieses ominöse Verbot der freien Meinungsäußerung weggefallen zu sein scheint, kann Gojko Djogo, für den auch viele ausländische Kollegen seinerzeit interveniert hatten, nach Herzenslust schreiben, was er will, zumal er dabei den herrschenden politischen Führern ideologische Munition darreicht, die von den primitiven Vollstreckern eines hirnverbrannten nationalen Mythos in tödliche Kugeln und Granaten verwandelt wird.

Als Vorsitzender der Vereinigung der Serben aus Bosnien-Herzegowina schrieb Gojko Djogo in einer der letzten Nummern des Mitteilungsblattes des serbischen Informationsministeriums folgendes: „Die Vereinigung der Serben sowie das ganze serbische Volk haben keinen anderen Weg als den, den sie beschritten haben. Diese Orientierung haben wir nicht seit gestern und nicht seit vorgestern. Sondern seit Jahrhunderten. Die Serben pflastern mit ihren Gebeinen diesen Weg. Wir haben uns vereint nach der heimatlichen Zugehörigkeit, wir schlagen Brücken über die Abgründe, die die Natur und die Geschichte zwischen den zerklüfteten Teilen des serbischen Volkes vom Meer bis zur Donau ausgehoben haben. – Denn nur Brücken vereinen die Ufer und schaffen aus Teilen ein Ganzes. Und unser unerreichbares Ziel ist die territoriale Ganzheit, die politische und staatliche Einheit des serbischen Volkes – die vereinigten serbischen Lande."

Klarer und präziser kann man die Ziele der serbischen Armee sowie der Freischärlerbanden in Bosnien und der Herzegowina nicht formulieren. Für die Erreichung dieser Ziele sind in den Augen der wildgewordenen Horden alle Mittel erlaubt – Mord und Totschlag an der Zivilbevölkerung, Plünderung und

Vernichtung fremden Eigentums, Vertreibung von Millionen Menschen im Zuge der „ethnischen Säuberung", Vergewaltigung von Frauen, Errichtung von Lagern und dergleichen mehr. So brutal sich der wiedererwachte kroatische Nationalismus unter einer dünnen demokratischen Tünche mitunter äußert, dessen Barden von einem ethnisch „reinen" Kroatien träumen, kann er das barbarische Vorgehen bei der Verwirklichung des nebulosen „Groß-Serbien" inmitten einer multinationalen und multikulturellen Region nicht rechtfertigen. Es gibt überhaupt keine Rechtfertigung für Mord, auf wessen Seite und in wessen Namen er auch immer begangen wird.

„Unsere politischen Animositäten sind vulgär und räuberisch", stellte der Präsident Rest-Jugoslawiens Dobrica Ćosić unlängst in einem Interview fest. „Es gibt so viele bewaffnete ‚Kommunisten', ‚Demokraten', ‚Serben', ‚Tschetniks' und ‚Freiwillige', daß strenge Gesetze notwendig sind, sowie eine starke und unbestechliche Gerichtsbarkeit, eine rationale Staatsmacht, eine geistige und moralische Erneuerung, um uns vor dem Abgrund zu retten, vor dem wir stehen."

Ćosić hatte sich auch, die Widersprüche seines Denkens überwindend, redlich bemüht, ein neues politisches Klima in seinem Land zu schaffen, indem er für Neuwahlen eintrat und den aus Amerika geholten jugoslawischen Ministerpräsidenten Milan Panić unterstützte, wohl wissend, daß eine Änderung in Serbien nur von innen heraus herbeigeführt werden könne, doch die Politiker der Großmächte begriffen nicht rechtzeitig die

Bedeutung dieser Wahlen. Wie ist es denn zu erklären, daß die durch freiwillige Spenden bezahlten Anlagen für den lokalen oppositionellen Fernsehsender in Belgrad *Studio B,* die unumgänglich notwendig waren, um seinen Sendebereich auf ganz Serbien auszudehnen, wegen des formellen Embargos gegen Serbien am Londoner Flughafen Heathrow zurückgehalten wurden? Es wäre billiger gewesen, diese Anlagen an ihren Bestimmungsort zu schicken, anstatt eine militärische Intervention vorzubereiten und durchzuführen. Die Gleichsetzung eines Volkes mit einer Gruppe von selbstmörderischen Wahnsinnigen wirkt sich immer verhängnisvoll aus. Die viel zu spät vereinigte demokratische Opposition verlor die Wahlen. Das Irrationale feiert Triumphe.

Je intensiver ich darüber nachdenke, desto mehr gewinne ich den Eindruck, daß die Apologeten sowie die schwer bewaffneten Anhänger der Idee vom „großserbischen Reich" geistig umnachtet sind. Sie bedienen sich eines zunehmenden nationalsozialistischen Vokabulars und faseln von einer Weltverschwörung gegen das serbische Volk, an der Kommunisten, Juden und Freimaurer beteiligt sein sollen. Es ist zum Kotzen.

Diese geistige Umnachtung scheint ansteckend zu sein, so daß sie sich gleich einer Seuche sehr rasch zu verbreiten beginnt. Was geschieht, wenn die Kosovo-Albaner mit Waffengewalt alle Albaner, die nicht nur in Albanien, sondern auch in Montenegro, Mazedonien und Griechenland leben, in einem Groß-Albanien zu vereinigen versuchen? Und was, wenn die immer stärker nationalsozialistisch denkenden Ungarn darangehen, durch kleinere oder größere Kriege ihre Brüder in der Slowakei, in Rumänien und in Serbien heim ins ungarische Reich zu holen? Auf die beginnenden oder schon entflammten Konflikte zwischen verschiedenen kleineren und größeren Völkern in der ehemaligen Sowjetunion möchte ich lieber nicht eingehen. Wenn alle anfingen, so wie manche Balkanstrategen zu denken, gäbe es kein Ende an Grenzverschiebungen und ethnischen Säuberungen in ganz Europa.

Der von mir sehr geschätze deutsch-englische Soziologe und Denker Ralf Dahrendorf meinte in einem Fernsehinterview, das Fehlen einer wie immer gearteten Orientierung nach dem Zerfall der kommunistischen Systeme sowie die daraus folgende Unsicherheit habe die Menschen veranlaßt, in ihrem Stamm Zuflucht zu suchen. Das ist sicherlich ein wichtiger Aspekt, der die blutigen Auseinandersetzungen zwischen verschiedenen, wenn auch verwandten Stämmen zu erklären versucht, uns aber nicht helfen kann, den ungeheueren Haß, der dahintersteckt, auch zu verstehen.

Ich bewundere den Glauben Ralf Dahrendorfs an den Sieg der Vernunft des humanen Denkens, der allein aus Eigeninteresse der einander bekriegenden Stämme eines Tages zustandekommen müßte. Wer soll aber den mordenden Barbaren mit blutunterlaufenen Augen weismachen, daß die bürgerlichen Freiheiten, die Menschenrechte und die Lebensqualität viel wichtiger seien als die Fragen der Stammeszugehörigkeit sowie alle damit zusammenhängenden Probleme, wo sie ihre Intellek-

116

tuellen in die Emigration getrieben oder durch massive Drohungen mundtot gemacht haben? Der Rest der kritischen Intellektuellen kämpft auf verlorenem Posten, weil die Zeitungen, für die sie schreiben, keine großen Auflagen haben und die von den falschen Ideologen irregeleiteten Massen gar nicht erreichen. So gibt es wenig Hoffnung auf ein Ende des sinnlosesten aller Kriege.

Januar 1993

DAMIT NICHT ALLES UNWIDER-
SPROCHEN GESCHEHEN KANN

Im Gespräch mit Peter Huemer

*„Die Schallmauer der hohen Auflagen", heißt es in
Ihren Memoiren, haben Sie nie durchbrochen. Als Folge davon, Zweifel am Sinn der Arbeit, tiefes Unbeha-
gen, Gefühl ohnmächtiger Wut. Sind Sie mit dem noch
immer geplagt?*

Ja, mehr denn je. Seit zwei Jahren jetzt kann ich eigentlich nichts Ordentliches schreiben. Also, ich kann
keinen Roman schreiben oder so etwas, wegen der Ereignisse in Jugoslawien. Es geht nicht nur um Jugoslawien, es geht um unsere ganze Welt, also um das
ganze Environment, weil der Nationalsozialismus so
im Kommen ist. Man spürt das auch in Ungarn, man
hat das in der Tschechoslowakei gesehen, aber nicht so
arg, und man sieht jetzt, wie es in der ehemaligen
Sowjetunion vor sich geht, sodaß man verzweifeln
muß. Da sind in Wirklichkeit Gefühle aus der Motten-
kiste der Geschichte hervorgeholt, die jetzt plötzlich
dazu führen, daß die Menschen – nicht nur einander
umbringen. Was mich entsetzt und was mich krank
macht, ist diese Brutalität, mit der das alles geschieht.
Ich zweifle dann tatsächlich an der Beschaffenheit des
Menschen, er scheint irgendeine fehlgeleitete oder miß-
lungene Konstruktion zu sein. Wir sprechen alle darüber, wir versuchen alles mit psychologischen und in-

tellektuellen Mitteln zu erklären, worum es hier geht, aber ich glaube, man kann den Mord überhaupt nicht erklären.

In dem Brief, den Claudio Magris Ihnen zum 70. Geburtstag geschrieben hat und der jetzt in „Literatur und Kritik" publiziert worden ist, prognostiziert er, „die Zeit der nationalsozialistischen Raserei" werde nicht kurz sein. Wir müssen uns an Niederlagen gewöhnen, denen wir entgegengehen.

Natürlich. Die erleben wir ja täglich. Ich habe Freunde in Belgrad, die sich gegen den nationalistischen Strom stemmen und wenden und die sehr einsam sind und natürlich mit Niederlagen rechnen.

Diese Niederlagen sind schon klar. Magris Prognose geht in die Richtung, daß es lange so bleiben wird.

Ich fürchte auch, es wird lange dauern. Umso notwendiger ist es, hier und heute das richtige Wort zu sagen, damit nicht alles unwidersprochen geschehen kann. Man muß widersprechen, man muß Widerstand leisten. Ich habe hier einen kleinen Verein mitbegründet, einen Verein für den kroatisch-serbisch-moslemischen Dialog. Wir haben voriges Jahr kritische Journalisten aus allen Teilen Jugoslawiens eingeladen, die miteinander sprechen konnten, weil sie immer kritsch waren ihren Regierungen gegenüber. Anfang Mai wollen wir etwa 20 Autoren aus Serbien, Bosnien, Mazedonien, dem Kosovo-Gebiet, auch Ungarn aus der Wojwodina, Kroatien und Slowenien nach Wien einladen. Und zwar nach dem PEN-Kongreß in Dubrovnik, der im April stattfinden soll, nachher deshalb, weil ich nicht glaube, daß dort irgendetwas Vernünftiges zustande kommen kann. Wir haben nach Wien eingeladen, damit sie hier miteinander sprechen und eine Deklaration machen, die man später als Grundlage für ein vernünftiges Zusammenleben benützen könnte.

Sind wir uns darüber einig, daß offensichtlich die Mehrheit, der überwiegende Teil der Intellektuellen des ehemaligen Jugoslawien an allen Seiten der Fronten total versagt hat in der Vorgeschichte dieses Konflikts?

Das stimmt vollkommen. Viele sind in das nationalistische Fahrwasser geraten, viele haben sogar diese nationalistische Welle vorbereitet, und zwar aus Opposition zum Kommunismus oder zu den Resten des Kommunismus, obwohl es sich ja in Jugoslawien um einen etwas lockereren Kommunismus gehandelt hat als in anderen Ländern des sogenannten realen Sozialismus, so daß sie dann ganz die Übersicht verloren haben. Wenn also einer geschrieben hat, die Serben seien von den Albanern unterdrückt, also haben wir das Recht, unsererseits, die Albaner zu unterdrücken, so haben das die Leute verstanden und tun es weiter. Kosovo ist ein besetztes Gebiet. Oder wir haben das Recht, die Serben in Bosnien oder der Krajina zu verteidigen, und da gehen dann Freischärler hin´ und bringen die Leute um. Aber auf der anderen Seite haben zum Beispiel die kroatischen Intellektuellen versagt, denn es gibt eine Art Rassismus dort, wo ein Drittel der Bevölkerung nicht anerkannt wird. Ein Drittel Kroatiens sind Nichtkroaten – es gibt 100.000 Serben in der Region um Zagreb –, die keinen Heimatschein bekommen und daher nicht wählen dürfen, obwohl sie Staatsbürger eines bestehenden Staates sind. Das sind alles keine demokratischen Staaten.

Hat Sie dieser Ausbruch in der Form überrascht?

Ja, ich war vor zwei Jahren in Istrien, als es gerade losgegangen ist, und es ist ja beinahe aus heiterem Himmel passiert – 25. oder 26. Juni 1991. Die erste Reaktion der Kroaten – der kroatischen Händler, Wirte etc., ich war im kroatischen Teil Istriens – war: Total verrückt! Warum haben sie es jetzt 'gemacht und nicht drei Monate gewartet, bis die Saison vorüber ist. Es ist eine auf den ersten Blick sehr zynische, aber sehr vernünftige Feststellung.

Rational.

Rational. Niemand hat an das Praktische gedacht. Das Irrationale hat das Rationale total in die Ecke gedrängt. Wir müssen unabgängig sein, das muß Slowenien sein, aus. Im Oktober hätte es auch genügt, wenn die Saison vorbei gewesen wäre. Es ist ein Chaos unter den Touristen entstanden.

Da es der erste slowenische Staat überhaupt in der Geschichte ist, hätte er ruhig noch die Saison abwarten können?

Selbstverständlich. Das waren die Reaktionen. So ist es nach und nach gegangen, dann wurde der kroatische Staat für unabhängig erklärt, dann habe ich sofort gewußt, Slowenien kann sich noch glimpflich trennen, weil sich hier die Staatsgrenzen ungefähr mit den ethnischen decken. In Kroatien ist das viel komplizierter.

Das ist schon klar. Was mich jetzt interessiert, ist die

Frage, dieses explosive Gemisch an alles niederwal-
zendem und niedermetzelndem Haß, haben Sie das ge-
spürt, daß das in den Menschen schlummert?

Ja, aber ich habe das als Mitteleuropäer nicht so ernst genommen. Ich habe dem Ganzen nicht mehr beigemessen als zum Beispiel hier, wenn ein Tiroler über den Wiener schimpft. So wird dort über Belgrad geschimpft. Und hier schimpft man auch in Graz und in Innsbruck und in Salzburg über Wien: Wir zahlen zuviel Geld für diesen Wasserkopf oder so etwas. Ich habe geglaubt, es wird nicht mehr als das sein.

Das heißt, Sie haben es total unterschätzt.

Genau.

Wenn Sie sagen, Herr Dor, die Anhänger eines Groß-
serbischen Reiches seien geistig umnachtet und es
handle sich hier auf mehreren Seiten der Fronten um
die Politik von Psychopathen, dann muß man sagen,
im Sinne der Aufklärung spricht sehr viel für dieses
Argument. Gleichzeitig ist aber nicht zu übersehen, daß
der Weizen blüht. Das ist eine zumindest äußerst er-
folgreiche Verrücktheit.

Ja eben das bringt einen zur Verzweiflung, wenn man sieht, daß solche Ideen, die Ideen der Gewalt, der Unterdrückung der anderen, ja der Plünderung, viel anziehender ist, als wenn Sie jemandem einzureden versuchen, der Mensch sei gut. Also, seid nicht so brutal zueinander, versucht, in Frieden die Probleme zu lösen. Es ist tatsächlich so, es gibt keinen Konflikt, den man mit dem Krieg besser lösen kann als mit Verhandlungen. Mit dem Krieg löst man ja gar keine Probleme, man macht alles nur viel schlimmer. Das Resultat sieht man ja: Alle Länder Jugoslawiens nagen jetzt am Hungertuch, sind total ruiniert. Alle, auch Slowenien, das noch halbwegs glimpflich davongekommen ist; sie sitzen auf ihren Waren, die sie weder in Italien noch in Deutschland oder Österreich verkaufen können, weil ihr Markt dort liegt, das haben sie vergessen. Das haben praktisch alle vergessen.

Nun, es gilt als weltweit praktisch unbestritten, daß zumindest im bosnischen Krieg Serbien der Aggressor ist. Sie sprechen von einem mehr und mehr national-sozialistisch anmutenden Vokabular in Serbien, sie bezeichnen aber auch Kroatien als faschistoid. Welche Nachrichten haben Sie aus Kroatien?

Ich habe jetzt gelesen, daß man zum Beispiel den stellvertretenden Vorsitzenden der sozialdemokratischen Partei Kroatiens vor seinem Haus erstochen hat. Es gab natürlich auch dort politische Morde, die verschwiegen worden sind. Nicht in dem Ausmaß wie in Bosnien, es gab Leute, das haben kroatische Journalisten berichtet, die in Dalmatien über Nacht verschwinden und nie mehr auftauchen. Es kommen ein paar Uniformierte, wahrscheinlich von paramilitärischen Einheiten und bringen die Leute um die Ecke. Das ist kein Rechtsstaat. Natürlich ist es kein faschistischer Staat, aber die Tendenz ist da. Die Heimatscheine gibt man folgendermaßen aus: Eine kroatische Frau, ein serbischer Mann, zwei Kinder bilden eine Familie, die Frau und die beiden Kinder bekommen den Heimatschein, der Mann nicht, obwohl er seit Jahrzehnten dort lebt. Also das ist die Praxis eines faschistoiden Staates. Man muß in diesen Mischehen – das ist ein schrecklicher Ausdruck aus der Nazizeit – die Loyalität beweisen. Danach wird entschieden, ob ja oder nein. Wie gesagt, ein Drittel der Bevölkerung ist ohne Heimatschein, weil sie ihre rein kroatische Herkunft nicht beweisen können. Das ist faschistoid.

Wie schaut es mit der Pressefreiheit aus?

Das ist etwas sehr Merkwürdiges. Die Serben sind aggressiver, sind schwerer bewaffnet, sie haben ihren Mythos von der Schlacht auf dem Amselfeld pervertiert und ermöglichen den Leuten im Namen dieses Mythos, Andersgläubige umzubringen und zu foltern und zu verfolgen, was sie tun. Aber merkwürdigerweise haben sie keine Pressezensur. Belgrad unterdrückt auf andere Weise, das Fernsehen ist in der Hand der Regierung.

Aber das Fernsehen ist doch radikal gesäubert worden.

Das Fernsehen ist gesäubert worden von allen Gegnern, aber diese können Zeitungen herausgeben, die der Regierung gegenüber kritisch sind, die aber kleine Auflagen haben. Wahrscheinlich haben sie keine Angst davor. In Kroatien ist das anders. Das Land befindet sich im Krieg, also hat die Regierung eine Handhabe, eine Art Kriegszensur einzuführen, die sehr streng ist. Jetzt hat sich gerade Unprofor darüber beklagt, daß sie sogar ihre Berichte dort zensieren, die in Belgrad nicht zensiert werden. Also Berichte über die Situation, die UNO-Truppen etc. Das ist ganz absurd. Wahrscheinlich steht Milošević auf dem Standpunkt, das sind solche

Flöhe, die ich nicht unbedingt bekämpfen muß, die Hauptsache, ich gewinne den Krieg in Bosnien.

Nun, Herr Dor, Sie haben schon lange für einen internationalen Gerichtshof über diesen Krieg plädiert, jetzt gibt es einen UNO-Beschluß mit wenig Illusionen über dessen Wirksamkeit, dennoch sind die hauptverantwortlichen Mörder gleichzeitig die Verhandlungspartner.

Das ist das Tragische. Ich habe immer wieder gesagt und sage es immer wieder, daß man eigentlich mit der jeweiligen Opposition Verbindung aufnehmen sollte, man sollte die Opposition stärken, ihr helfen, sich zu entwickeln und eines Tages zu siegen, denn es hat doch keinen Sinn, mit Leuten zu reden, mit denen man gar nicht reden kann. Vielleicht werden eines Tages Herr Milošević und Herr Tudjman Frieden schließen auf Kosten der Moslems. Das kann leicht passieren, denn beide müssen ihren aggressiven Nationalismus rechtfertigen und sagen: Da schaut, wir haben unser Territorium um so viel vergrößert, es ist alles in bester Ordnung. Dann können sie noch verhandeln, was da im Norden noch alles passieren soll. Vukovar, beispielsweise, ist ein leeres Niemandsland, in dem weder die Kroaten noch die Serben heute leben wollen.

Sie haben es gerade gesagt: Ein Friede zwischen den ursprünglichen Kriegsparteien Kroatien und Serbien ist zumindest vorstellbar. Aber niemand kann sich eine Lösung der bosnischen Frage vorstellen.

Darum geht es ja. Ich weiß, warum die Militärs zögern. Jeder kriegt natürlich Wut. Wenn man die Bilder anschaut und sieht, was da alles passiert. Daß Kinder, Frauen, alte Männer umgebracht werden, daß Männer im wehrfähigen Alter zerstückelt werden, das ist schrecklich. Da sagt man, es muß ein Ende gesetzt werden, man soll intervenieren. Doch weder ein heimischer noch ein ausländischer Politiker hat eine Vorstellung, wie es nachher ausschauen soll. Niemand hat ein politisches Konzept. Wenn man sagt, jetzt marschieren die Amerikaner ein, das wäre zu bewerkstelligen, aber was passiert dann? Man müßte das Land 30 Jahre lang besetzt halten. Es ist eine multinationale und multikulturelle Gegend. Das kann man nur politisch lösen, indem man die Leute dazu erzieht, friedlich miteinander zu leben.

Das ist schon klar. Was bedeutet das aber konkret? Ich sage es jetzt anhand von Literaten: Finkielkraut ist für Intervention, György Kónrad sagt, ausbluten lassen. Welche Variante ist eher die ihre?

Das weiß ich nicht. Wenn ich Wut bekomme, sage ich, man soll intervenieren, aber ich verstehe den Kónrad vollkommen, der sagt, lieber ausbluten lassen als intervenieren, weil durch die Intervention das Problem nicht gelöst wird. Es kann vielleicht der Krieg für eine Zeitlang aufhören, aber er bricht dann noch einmal auf wie ein Geschwür.

Gehen wir davon aus: Wir können nicht länger hinschauen, es ist so grauenhaft, was dort passiert, und es kommt zu dem Entschluß, egal, was immer daraus wird, da muß man eingreifen. Das ist natürlich jetzt eine rational nicht besonders fundierte Position, sie ist

menschlich verständlich, aber sie ist sehr riskant. An-
genommen, es gelänge, was die Militärs ja bezweifeln,
was Sie aber meinen, daß möglich wäre, eine gewalt-
same Pazifizierung durchzuführen, und dann gibt es
eine Art Besatzungsregime, das wahrscheinlich ziemlich
hart sein müßte, zunächst einmal, das aber gleichzei-
tig doch die Hoffnung haben könnte, daß dieser Wahn-
sinn wieder verraucht und daß nach einiger Zeit es
möglich wäre, wieder neu und rationaler darüber zu
reden.

Wie gesagt, das ist möglich, aber die Besatzung
müßte dann 10, 20, 30 Jahre dauern, denn Sie müssen
bedenken, daß es keine Familie gibt, in der nicht jemand umgebracht worden ist, auf keiner Seite. Da gibt
es natürlich Ressentiments, genauso wie es jetzt Ressentiments gibt, die eine große Rolle bei den Auseinandersetzungen spielen, aus dem Zweiten Weltkrieg, wo
ganze Familien ausgerottet worden sind, und jetzt rot-
ten sie die anderen Familien aus und vergelten es
zehnfach. Aber wenn fremde Besatzer stationiert werden sollen, was kostet das? Wer bezahlt das? Es ist ja
dort nichts zu holen so wie Öl im Irak, wo die Intervention plausibel war und sehr schnell durchgeführt
wurde. Hier ist nichts zu holen. Da sind wilde Berge.
Wer auch immer siegt, wie es auch immer ausgeht, es
wird immer verschiedene Partisanengruppen geben, die
sich nicht einigen, also beispielsweise die serbischen
Freischärler, die da agieren, das sind inzwischen Räu-
berbanden geworden. Partisanen haben einen nationalen Krieg geführt, und die führen einen Plünderungs-

krieg, sie rauben nur ein Dorf nach dem anderen aus, um sich dort Nahrung zu holen und Elektrogeräte und Möbel, die sie dann mit dem Lastwagen wegführen. Es gibt sogar Wochenendkämpfer, die zum Wochenende ins Kriegsgebiet fahren, um am Montag dann mit Beute wieder zurückzukehren. Das ist ja schrecklich, dem müßte wirklich ein Ende gesetzt werden. Wie gesagt, mit Gewalt. Aber es gibt ja vernünftige Leute. Die Militärs sind ja – das ist das erste Mal, daß ich so etwas sehe – oft vernünftiger als die Politiker, die sich von Emotionen leiten lassen. Wir lassen uns alle von Emotionen leiten, das ist verständlich angesichts dieser Bilder.

Eine Hoffnung, könnte man sagen, für eine zukünftige friedliche Lösung sind hunderttausende Deserteure. Und gerade die werden zum Beispiel von Österreich in den Krieg zurückgeschickt.

Sie bekommen kein Asyl, es gehört schon einiger Mut dazu. Es gibt ungefähr 150.000 junge Deserteure. Das ist das größte Verbrechen Belgrads, diese Leute in die Fremde getrieben zu haben, es sind hauptsächlich Intellektuelle.

Ich habe heute mit Amnesty International gesprochen, um mich zu erkundigen, und es wurde mir gesagt, es wurden Deserteure zurückgeschickt.

Ja, was nämlich ein Verbrechen ist, denn man steckt sie wieder in die Uniform und schickt sie an die vorderste Front, also praktisch hilft man hier, den Krieg auf diese Weise zu verlängern.

März 1993

DIE BARBAREN KOMMEN

Die Nationalisten geraten immer in Ekstase, wenn sie das Wort Volk aussprechen. Für sie ist dieser nebulose Begriff, in den sie Millionen Individuen verschiedenen Alters und Geschlechts sowie verschiedener Merkmale und Denkarten hineinpressen, das Um und Auf ihrer fadenscheinigen Ideologie. Das abgedroschene Vokabular dieser selbsternannten Vertreter des sogenannten Volkes ist aus der faschistischen und kommunistischen Epoche unseres Jahrhunderts, die noch immer andauert, hinlänglich bekannt. Das Volk repräsentiert das Reine, Ehrliche, Anständige, Geradlinige, Erhabene, Edle, Heilige und dergleichen mehr. Und das alles als Gegensatz zum verlogenen, wetterwendischen, schmutzigen, hinterlistigen und weiß Gott noch was Bewohner der miesen Asphaltstädte, in denen die verräterischen Intellektuellen den Ton angeben.

Die Idealisierung des „einfachen" Volks haben die Intellektuellen oder besser gesagt die Pseudointellektuellen aller Völker des ehemaligen Jugoslawien seit hundert Jahren unter allen möglichen und unmöglichen Regierungsformen auf die Spitze getrieben; das serbische, kroatische, slowenische Volk war in ihren Augen viel schöner, gesünder und gescheiter als irgendein anderes Volk auf Erden.

Und dann stellt sich plötzlich heraus, daß viele Vertreter eines von vornherein heilig gesprochenen Volks nichts anderes sind als eine Horde von Barbaren, die mordend, brandschatzend und vergewaltigend von Dorf zu Dorf zieht und dabei nicht nur den Angehörigen ihrer vermeintlichen Feinde, sondern auch denen des eigenen Volkes Tod und Verderben bringt. Ihr Hauptziel scheint die Vernichtung der Städte zu sein, die als Symbol der Zivilisation, der demokratischen Spielregeln und eines urbanen Zusammenlebens zwischen verschiedenen Nationalitäten und Religionen gelten.

Mein Freund aus der längst entschwundenen Jugendzeit Bogdan Bogdanović, der später Architekt und Professor für Urbanistik wurde, schrieb in seinem Essay *Rituelles Städtemorden* folgendes:

„Ich werde daran erinnern, daß das Wort Urbanität, beginnend schon mit dem XIV. Jahrhundert, bis zum heutigen Tag in den wichtigsten europäischen Sprachen immer ein und dasselbe bezeichnet: Geschliffenheit, Artikuliertheit, Übereinstimmung von Gedanken und Wort, Wort und Gefühl, Gefühl und Bewegung ... usw. Und wenn jemand sich den Gesetzen der Urbanität nicht unterordnen kann, ist es für ihn am leichtesten, die Urbanität einfach hinzuschlachten."

Was mich dabei frappiert, ist die Leichtigkeit, mit der die Angehörigen des hochgejubelten „Volkes" die Schwelle zum Töten und Zerstören überschreiten, als habe es niemals die Epochen des Humanismus, der Renaissance und der Aufklärung gegeben. Die volksverbundenen Barbaren taumeln blind und taub durch die Geschichte und warten gespannt darauf, daß irgendein perfider Politiker oder ein verrückter Prophet ihnen das grüne Licht gibt, damit sie ihre Mordlust befriedigen können.

Albert Camus hat in einem seiner Essays geschrieben, Morde aus Habgier und Leidenschaft nähmen sich im Meer der Morde aus Staatsräson wie friedliche, wahrhaft humane Inseln aus. Den Massakern in Bosnien, an denen die Angehörigen eines Volkes, zu dem ich mich in meiner früheren Jugend zugehörig gefühlt habe, die Hauptschuld tragen und so die keineswegs geringe Schuld der anderen in den Schatten drängen, scheint keine menschliche Instanz Einhalt gebieten zu können. Da der Zorn der Götter infolge der unzähligen Herausforderungen der Menschen verraucht ist, schauen wir ohnmächtig zu, wie die letzten Reste der urbanen Kultur, die Toleranz, Menschenliebe und Rücksicht auf die anderen voraussetzt, mit blutigen Schnürstiefeln der modernen Barbaren zertreten wird.

Ihre schändlichen Eroberungen von zerstörten Dörfern und Städten sind nicht das Leben auch nur eines einzigen Kindes wert. Wenn sie eines Tages ihre angeblichen Feinde dezimiert und vertrieben haben, werden sie sich gegenseitig zerfleischen, ihre eigenen Eltern und Kinder umbringen, ihre eigenen Frauen und Schwestern vergewaltigen und ihre eigenen Städte in Schutt und Asche legen, um fortan in ihren primitiven Erdhöhlen zufrieden dahinzudämmern.

April 1993

131

DEM FASCHISMUS TÜR UND TOR GEÖFFNET

Offener Brief an Mihailo Marković, den stellvertretenden Vorsitzenden der regierenden Sozialistischen Partei Serbiens:

Lieber Freund!

Gegenwärtig leben in Wien zehntausende Menschen aus Belgrad. Es sind meistens junge Menschen, vor allem junge Männer, angehende Intellektuelle, die aus ihrer Heimat geflohen sind, um nicht in den schmutzigen Krieg hineingezogen zu werden, an dem Serbien teils direkt und teils indirekt beteiligt ist. Da den jugoslawischen Deserteuren – in der letzten Zeit gibt es hier auch welche aus Kroatien und Bosnien – in Österreich aus unverständlichen Gründen kein Asyl gewährt wird, fristen sie ihr Dasein als Gäste bei Verwandten und Bekannten, ständig in Gefahr, eines Tages als lästige Ausländer abgeschoben zu werden.

Diese jungen Menschen, die vergeblich versuchen, sich in einer aus den Fugen geratenen Welt zurechtzufinden, erinnern mich an unsere eigene Jugend, die von Krieg, Faschismus und Stalinismus überschattet war und in den blutigen Auseinandersetzungen unseres Jahrhunderts verlorenging.

Unlängst fiel mir ein Photo in die Hände, auf dem wir beide zu sehen sind. Ich fand es unter den hinterlassenen Papieren meiner verstorbenen Mutter, die es zusammen mit meinen Schulzeugnissen aufgehoben hatte. Es handelt sich um ein Photo unserer Schulklasse, das im Hof unseres II. Belgrader Gymnasiums aufgenommen wurde. Einer unserer Mitschüler, dessen Namen ich vergessen habe, hält eine Schiefertafel vor sich, auf der in römischen Ziffern VI zu lesen ist. Ich sitze auf dem Boden neben ihm und grinse aus unverständlichen Gründen in die Kamera; ich nahm offenbar weder die anderen noch mich selbst sehr ernst. Du sitzt hinter mir in der ersten Stuhlreihe, in unmittelbarer Nähe unseres Klassenvorstands, mit den Händen auf den Knien und blickst fest entschlossen drein, als gelte es, irgend etwas an Ort und Stelle zu beweisen; du warst einer der Besten, wenn nicht der Beste in der Klasse.

Die Namen der meisten unserer Mitschüler sind mir entfallen, ich kann mich nur an vier oder fünf von ihnen erinnern, mit denen ich befreundet war, und die sind alle tot. Nur wir zwei sind durch puren Zufall übriggeblieben, um Zeugnis abzulegen über ein Zeitalter, in dem verschiedene dunkle Mächte mit uns Katz und Maus gespielt und uns nach dem Leben getrachtet haben. Aus Angst vor den Faschisten allerlei Prägung suchten wir Zuflucht bei den Kommunisten, die unsere jugendliche Rebellion gegen Unterdrückung jeglicher Art für ihre Zwecke ausnützten. Als der Widerstand gegen den allumfassenden Vernichtungsapparat Hitler-Deutschlands vorbei war, errichteten sie einen eigenen Unterdrückungsapparat, dem viele von unseren Generationsgenossen zum Opfer fielen.

Wir beide verloren einander aus den Augen. Du gingst zu den Partisanen, und ich wurde, wie du weißt, in Belgrad verhaftet und nach Gefängnis- und Lageraufenthalt nach Wien deportiert, wo man mich wieder als sogenannten Schutzhäftling einsperrte. Nach Kriegsende kam ich frei und blieb in Wien, weil ich mit den jugoslawischen Kommunisten, die zu dieser Zeit Erzstalinisten waren, eine Konfrontation vermeiden wollte, bei der ich sicherlich den kürzeren gezogen hätte.

Umso mehr freute ich mich, als Tito-Jugoslawien 1948 auf Konfrontationskurs mit der Sowjetunion ging und sich infolge der darauf entstandenen Auseinandersetzung selbst veränderte. In den letzten vierzig Jahren haben wir einander nur ein paar Mal in Wien und in Belgrad gesehen, ich verfolgte aber mit großem Interesse, was Du schriebst oder sonst unternahmst. Im Unterschied zu vielen anderen verbalen Bekennern zum „jugoslawischen Weg", nahmst Du Deine Arbeit als marxistischer Philosoph sehr ernst und unterzogst die Praxis der sogenannten sozialistischen Länder einer scharfen Kritik, in dem Bestreben, einem Sozialismus mit menschlichem Anlitz zum Durchbruch zu verhelfen. Nicht von ungefähr hieß die Zeitschrift Deiner gleichgesinnten Freunde aus Belgrad und Zagreb *Praxis*.

Du und die anderen Mitglieder dieser Gruppe wurdet bald weltweit bekannt. Man lud Euch zu Gastvorlesungen in die Universitätsstädte Europas und Amerikas ein und kam aus aller Welt zu Euren philosophischen Symposien auf der Insel Korčula, die wegen

134

ihres unorthodoxen Umgangs mit dem marxistischen Denken berühmt wurden. Ich verstand nicht viel von Eurem philosophischen und soziologischen Fachchinesisch, faßte aber Eure Arbeit als einen wichtigen Beitrag zur Entwicklung eines freiheitlichen Sozialismus auf. Es war eine Arbeit, die vor allem bei den jungen Menschen Zustimmung fand. 1968 warst Du für die protestierenden Belgrader Studenten ein Idol. Das hatte zur Folge, daß man Dich auf Titos persönliche Anordnung von der Universität jagte und Dir obendrein den Paß entzog. Erst nach vielen Interventionen aus dem Ausland bekamst Du den Paß wieder und konntest ausreisen.

Ich weiß nicht, an welchen Universitäten Englands und Amerikas Du als Gastprofessor tätig warst, ich weiß nur, daß Du nach Titos Tod irgend einmal in den achtziger Jahren nach Belgrad zurückgekehrt bist, wo ich Dich 1990 für meinen Fernsehfilm *Alle meine Städte* (Wien, Budapest, Belgrad) interviewt habe. Du hast Dich der sozialistischen Partei Serbiens zur Verfügung gestellt, die von einem Teil der ehemaligen kommunistischen Funktionäre gegründet wurde und die Dich zum stellvertretenden Vorsitzenden wählte. Bei unserem Gespräch gabst Du Dich sehr optimistisch und sprachst von den freiheitlichen und demokratischen Traditionen Serbiens, besonders aber Belgrads.

„Belgrad ist heute eine der lebendigsten und freisinnigsten Städte in diesem Teil der Welt", hast Du gesagt. „Es ist immer bereit, kritische Geister und unabhängige Intellektuelle zu unterstützen, Menschen, die sich trauen, die Wahrheit zu sagen und allen Druck auszuhalten ... Jetzt ist aber eine andere Zeit. In Jugoslawien herrscht eine tiefe Krise. Jetzt ist nicht nur notwendig, daß dieses kritische Wort von gestern wieder gehört und erneuert wird und daß manche Ideen für die notwendigen Reformen verwendet werden, sondern daß auch ein neuer Geist entsteht, der besonders in Belgrad, aber auch in Serbien schon spürbar ist, ein neuer Geist des Vertrauens in gemeinsame Kräfte, mit denen man irgendwie aus der Krise herausfinden könnte. Und das, was in der Welt oft oberflächlich als Homogenisierung verstanden wird, die gegen andere gerichtet ist, ist eigentlich eine Art Selbstfindung, eine Bestätigung der Individualität, einer Erneuerung des Glaubens und der Hoffnung, daß man aus der Krise herauskommen und irgendwelche freieren und gerechteren Formen des menschlichen Lebens schaffen könnte."

Ich habe Dir damals nicht widersprochen, weil ich Dir und Deiner Einschätzung der augenblicklichen Situation vertraut habe, obwohl ich starke Zweifel an der Zukunft Deines Serbiens hatte. So schloß ich meine Reportage mit folgenden Worten:

„Auf der alten Belgrader Festung, auf der viele Schlachten um die Vorherrschaft an der Donau stattgefunden haben, frage ich mich, wie viele Male zuvor, was aus dem Zusammenstoß der immer wieder verwischten städtischen Tradition und dem Einbruch der Massen aus verschiedenen Provinzen entstehen wird, Massen, die nicht nur ihre ländliche Lebensart, sondern auch ihre Vorlieben, ihre Abneigungen und ihre Ressentiments mit sich bringen. Wer wird die Oberhand gewinnen? Wohin wird sich dieses Schiff wenden? Wenn man auf den Mauern der Festung Kalemegdan steht, hat man das Gefühl, auf dem Bug eines Schiffs zu sein, so daß man sich unwillkürlich fragen muß, wohin die Reise geht."

Wie sich binnen kurzer Zeit – drei Jahre sind in der Geschichte eine sehr kurze Zeit – herausgestellt hat, ist dieses Schiff unter der Führung Deiner Partei und ihres Lotsen Slobodan Milošević endgültig gestrandet. Deine Hoffnung, „daß man aus der Krise herauskommen und irgendwelche freieren und gerechteren Formen des menschlichen Lebens schaffen könnte", erweist sich nun nachträglich als Selbsttäuschung. Ich wundere mich, daß Du die radikale nationalistische Politik Deiner Partei unterstützt hast, die einem unsäglich primitiven Faschismus balkanischer Prägung Tür und Tor geöffnet hat. Sie hat als Steigbügelhalter den Tschetnik-Banden des Psychopathen Vojislav Šešelj und anderen SS-artigen paramilitärischen Einheiten gedient, die heute selbst ihre Existenz bedrohen. Du hättest nach den Erfahrungen unserer Jugend wissen müssen, daß die entfesselten nationalen Emotionen zum blinden Haß und einem von niemandem mehr kontrollierbaren schmutzigen Krieg führen und schließlich ein allgemeines Gemetzel hervorrufen, an dem bezahlte Mörder und echte Verbrecher teilnehmen und für ihr blutiges Werk noch als Helden der Nation gefeiert werden.

Die Bilanz der Politik Deiner sogenannten sozialistischen Partei, die Du mit Deinem international bekannten Namen zu decken versuchst, ist schlicht gesagt katastrophal. Sie hat nicht nur die totale Unterdrückung der albanischen Bevölkerung im Kosovo, die Zerstörung der Städte Vukovar, Dubrovnik, Mostar und Sarajewo als Symbole der Zivilisation und des urbanen Lebens, sowie den Genozid an den Muslimen in Bosnien und in der Herzegowina ausgelöst, sondern auch die Vertreibung der jungen serbischen Intellektuellen, die in der ganzen Welt zerstreut sind, so daß Deine Heimat Serbien, das nicht mehr meine Heimat ist, am Ende dieses und zu Anfang des nächsten Jahrhunderts außer dem Status eines armen, unterentwikkelten Landes keine Intelligenzschicht mehr haben wird, die es aus der durch Euer törichtes Tun verursachten Rückständigkeit wieder herausführen könnte.

Es liegt mir fern, mich als Moralapostel aufzuspielen – das steht keinem von uns zu –, ich möchte Dich lediglich im Namen unserer gemeinsam verbrachten Jugend daran erinnern, daß Du die Wahrheit sagen kannst, wir haben in unserem Alter nichts zu verlieren, nur das bißchen Menschenwürde, das uns noch verblieben ist und das wir vor unserem Abgang nicht gegen fragwürdige Vorteile verschachern dürfen, wenn wir nicht auf dem Misthaufen der Geschichte landen wollen.

Ende Mai 1993

QUELLENNACHWEIS
(Erstveröffentlichungen)

Leb wohl, Jugoslawien
Österreich-Magazin, September 1991

Das Gespenst des Nationalismus
Lesezirkel-Extra, Wiener Zeitung, Februar 1992

Aufklärung mit Druckerschwärze
Gespräch mit Gerhard Moser
Wiener Zeitung, 13. Dezember 1991

Mythos und Mord
Die Welt, 30. Mai 1992

Bewegliche Ziele
Die Welt, 4. Juli 1992

Der Schein trügt
Die Presse, 24. Dezember 1992

Die Rechnung geht nicht auf
Profil, 24. August 1992

Die Marodeure ziehen weiter ihre Bahn
Die Welt, 27. Juni 1992

Der gordische Knoten Kosovo
Die Welt, 27. Juni 1992

Abschied von Istrien
Salzburger Nachrichten, 31. Dezember 1992

Zum hundertsten Geburtstag von Ivo Andrić
Literatur und Kritik 267/268, September 1992

Gespräch mit Thomas Rothschild
Süddeutscher Rundfunk und Südwestfunk, 25. Oktober 1992

Wojwodina – Das verlorene Paradies
Die Welt, 12. Dezember 1992

Der Gefangene in Titos Regierungspalast
Die Zeit, 9. Oktober 1992

Psychiater für Psychopathen spielen
Gespräch mit Harald Klauhs und Robert Schindel
Die Furche, 8. Oktober 1992

Ein Fremder unter lauter Ausländern
Buchkultur, 19. Jänner 1993

Wenig Hoffnung
Literatur und Kritik 271/272, Februar 1993

Im Gespräch mit Peter Huemer
(Ausschnitt)
ORF, 4. März 1993

Milo Dor

Tote auf Urlaub

Roman

geb., 483 S., öS 298,–, DM 42,80, ISBN 3-7013-0838-1

Wer die heutigen Ereignisse im ehemaligen Jugoslawien begreifen will,
findet in diesem Buch einen Schlüssel.
Die nationalistischen Feindschaften
werden zwar nur ganz nebenbei
erwähnt (...), aber die Wurzeln der
Grausamkeit und des Fanatismus
sind auch im Kampf der Serben
gegen die Serben sichtbar.

Gabriel Laub, Die Welt

OTTO MÜLLER VERLAG

Milo Dor

Nichts als Erinnerung

Roman

geb., 285 S., öS 248,–, DM 35,80, ISBN 3-7013-0844-6

Milo Dors Art des Erzählens verrät in diesem Sinne Humanität, und dieses miß-
brauchte Wort kann hier bedenkenfrei aus-
gesprochen werden, denn Humanität ist
bei Dor nicht falsche Gemütlichkeit oder
gar nur die Sonntagsseite einer Doktrin, die
sich sehr wenig menschlich gebärdet, sondern Ausdruck einer Lebenssprache, die
weiß, daß Versöhnung das genaue Gegen-
teil fauler Kompromisse ist.

Wendelin Schmidt-Dengler, ORF

OTTO MÜLLER VERLAG